高等职业教育新形态一体化系列教材
广州铁路职业技术学院“双高计划”项目成果

车站计算机联锁系统维护

郑乐藩◎主　编
刘文波◎副主编
温召金◎主　审

中国铁道出版社有限公司
2025年·北京

内 容 简 介

本书为高等职业教育新形态一体化系列教材之一。全书依据铁道信号自动控制专业主要就业单位与岗位群要求，对接中国国家铁路集团有限公司电务系统作业标准及高速铁路岗位培训规范，结合学生知识架构和认知规律，开发设计了车站计算机联锁系统概述、车站计算机联锁系统设备组成、控制台显示及操作、接口系统的认知及电务维修机的使用5个项目，全面系统地解答了车站计算机联锁系统的基本维护检修知识，同时还提供了丰富的现场操作案例，为维修人员提高检修效率提供参考。

本书为铁道信号自动控制专业工作手册式教材，也可作为铁路职业教育各学校的实训指导教材使用，同时还可供铁路现场信号技术人员和信号设备维修人员学习参考。

图书在版编目(CIP)数据

车站计算机联锁系统维护 / 郑乐藩主编. —北京：中国铁道出版社有限公司，2021.12(2025.1 重印)
高等职业教育新形态一体化系列教材
ISBN 978-7-113-28490-9

Ⅰ. ①车… Ⅱ. ①郑… Ⅲ. ①铁路信号-铁路车站-联锁设备-维修-高等职业教育-教材 Ⅳ. ①U284.3

中国版本图书馆 CIP 数据核字(2021)第 220193 号

书　　名：车站计算机联锁系统维护
作　　者：郑乐藩

策　　划：阚济存
责任编辑：吕继函　　**编辑部电话：**(010)51873205　　**电子邮箱：**312705696@qq.com
封面设计：曾　程　高博越
责任校对：孙　玫
责任印制：高春晓

出版发行：中国铁道出版社有限公司(100054，北京市西城区右安门西街8号)
网　　址：https://www.tdpress.com
印　　刷：北京铭成印刷有限公司
版　　次：2021年12月第1版　2025年1月第2次印刷
开　　本：787 mm×1 092 mm 1/16　印张：5.5　字数：133千
书　　号：ISBN 978-7-113-28490-9
定　　价：26.00元

前言

本书为高等职业教育铁道信号自动控制专业学生实践技术技能培养教材，是根据铁道信号自动控制专业制定的“车站计算机联锁系统维护”课程教学大纲编写的。

车站计算机联锁系统是轨道交通信号系统的关键技术装备之一，通过计算机技术、通信技术实现对车站进路联锁关系的检查和控制，保证行车安全，提高运输效率，实现轨道交通行车自动化。

本书根据信号工在车站计算机联锁系统维护时的实际工作场景和案例进行编写，将其分为五个工作项目，分别是项目1车站计算机联锁系统概述、项目2车站计算机联锁系统设备组成、项目3控制台显示及操作、项目4接口系统的认知、项目5电务维修机的使用。每个工作项目主要分为教学目的、教学设备、技能目标、技能训练、相关知识、作业和学习回顾几项内容。以活页工作手册方式编写，有利于教材内容灵活增加、调整和删除。在每个工作项目配套有丰富的来自企业工作实际的数字资源，有利于调动学生学习积极性，培养学生的职业能力和职业素养。

本书配有丰富的微课、短视频、文档等多媒体资源，读者可通过扫课程二维码获取。

本书由广州铁路职业技术学院郑乐藩任主编，广州铁路职业技术学院刘文波任副主编，中国铁路广州局集团有限公司惠州电务段温召金任主审。郑乐藩编写了项目1、项目2；刘文波编写了项目3；中国铁路广州局集团有限公司广州电务段唐敦辉编写了项目4；中国铁路广州局集团有限公司广州电务段李明泉编写了项目5。

本书在编写过程中得到了中国铁路广州局集团有限公司广州电务段、惠州电务段、肇庆信号水电段等有关单位的大力支持，在此表示衷心的感谢！

由于编者水平有限，有些项目难免存在资料搜集不全、数字资源欠缺、编写内容有误等情况，敬请广大读者多提宝贵意见，以不断提高本书编写质量。

编　者

2021年7月

目录

项目1　车站计算机联锁系统概述

教学目的

1. 了解国外和国内计算机联锁系统发展概况。
2. 掌握计算机联锁基本概念。
3. 掌握信号“故障—安全”原则。

教学设备

计算机联锁系统及室内外设备。

技能目标

1. 会分析车站联锁检查的内容及三个基本条件。
2. 会演示“故障—安全”案例。

技能训练

1. 制作举例车站联锁表（表1-1）。

1. 制作联锁表

表1-1　制作举例车站联锁表

方向			进路	进路方式	排列进路按下按钮	确定运行方向道岔	信号机			道岔	敌对信号	轨道电路区段	迎面进路		超限检查及其他	进路号码
							名称	显示	表示器				列车	调车		
列车进路	北京方向	正方向接车														

技能训练要点示例:排列一条下行往5道的接车进路,按照联锁表填写对应的信息。

2. 举例车站“故障—安全”案例演示(表1-2)

2. 制作“故障—安全”试验表

表1-2 举例车站“故障—安全”案例试验表

进路号	按钮名称		信号显示	进路中道岔断表示,信号关闭	进路中轨道区段故障,信号关闭	敌对信号开放,本信号不能开放	超限绝缘检查	黄灯主、副灯丝断,信号关闭
	始端	终端						
1	XLA	S_5LA						
2								

技能训练要点示例:排列一条下行往5道接车进路,将25/27号道岔表示熔断器熔断试验;确认X进站信号机信号关闭改点红灯试验;将27DG轨道电路占用试验;确认X进站信号机信号关闭改点红灯,开放敌对信号后,再开放下行往5道接车进路,确认无法开放试验;将超限绝缘区段占用,相邻区段无法排列进路试验;当X进站信号机开放双黄时,将X信号机2黄灯主、副灯丝同时断丝时,X信号机将恢复红灯信号试验。

相关知识

(一)国外计算机联锁发展概况

计算机联锁设备于1978年在瑞典哥德堡投入运用,进入20世纪80年代后,美国、日本、英国、法国、德国等国家进入试验阶段或开始使用,各国在系统上各有不同的方案。

(二)我国计算机联锁发展概况

我国计算机联锁系统研制工作起步较晚,于1980年后开始进行。由北京全路通信信号研究设计院集团有限公司、中国铁道科学研究院集团有限公司、北京交通大学、兰州交通大学等研制的计算机联锁系统先后在冶金、钢铁、铁路编组站等处投入使用。1991年11月19日,中国铁路干线上第一个微机联锁系统(VPI型)在广深线红海站开通使用,中国铁路车站计算机联锁发展进入一个新的时期。

目前,我国计算机联锁系统主要有TYJL-Ⅱ型、TYJL-Ⅲ型、TYJL-TR9型、TYJL-ADX型、DS6-K5B型、VPI型等。

(三)计算机联锁的基本概念

1. 联锁

信号、道岔、进路三者之间相互制约的关系如图1-1所示。

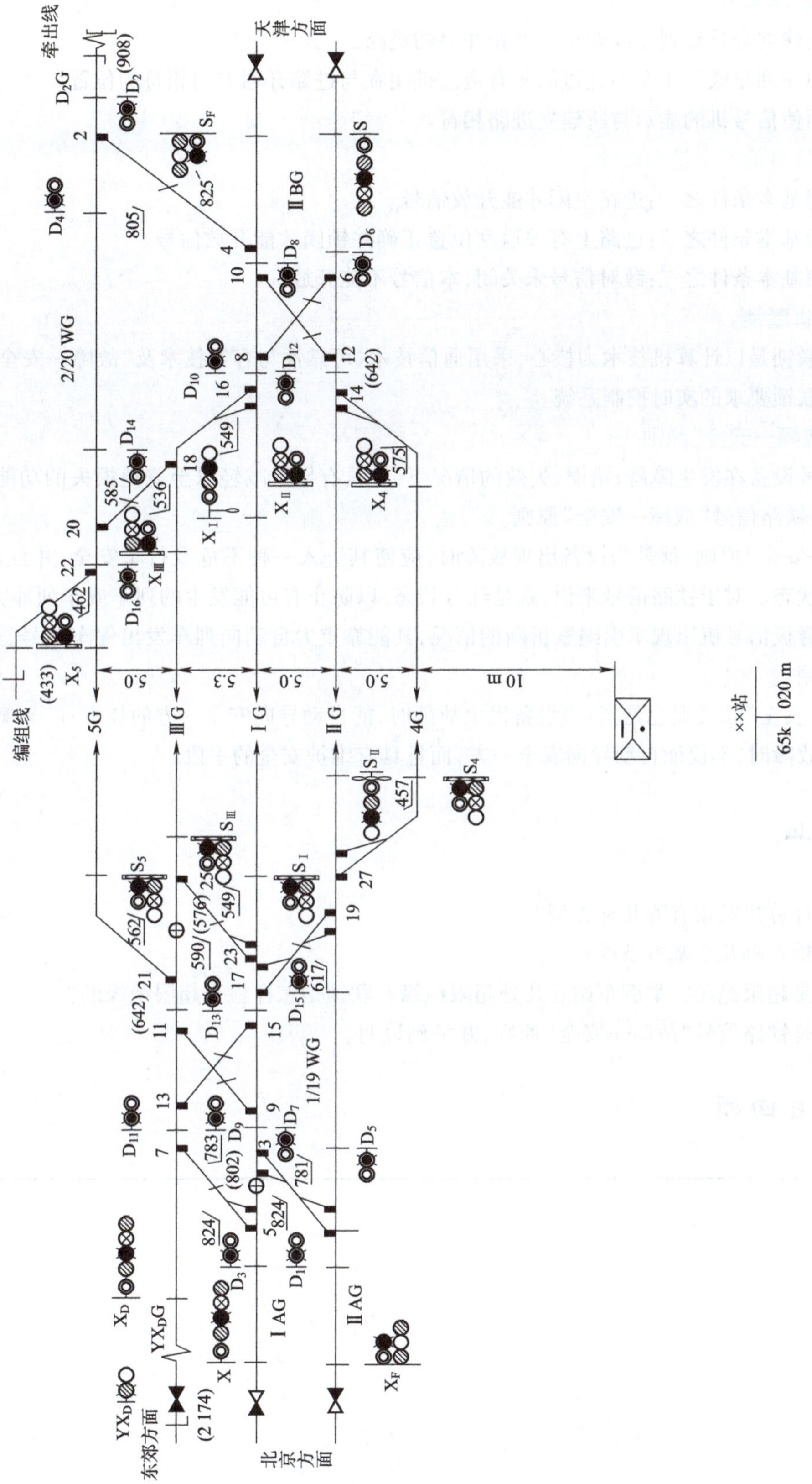

图1-1 举例车站信号平面布置图

2. 联锁的基本内容

(1)防止建立会导致列车或调车车列相冲突的进路。

(2)必须使列车或调车车列经过的所有道岔锁闭在与进路开通方向相符的位置。

(3)必须使信号机的显示与所建立进路相符。

3. 联锁检查的三个基本条件

(1)联锁基本条件之一:进路空闲才能开放信号。

(2)联锁基本条件之二:进路上有关道岔位置正确并锁闭才能开放信号。

(3)联锁基本条件之三:敌对信号未关闭,本信号不能开放。

4. 计算机联锁

计算机联锁是以计算机技术为核心,采用通信技术、可靠性与容错技术及“故障—安全”技术实现铁路车站联锁要求的实时控制系统。

(四)“故障—安全”原则

铁路信号设备在发生障碍、错误、失效的情况下,应具有导致减轻以至避免损失的功能,确保行车安全,称为铁路信号“故障—安全”原则。

“故障—安全”原则,就是当设备出现故障时,应使其进入一种不危及行车安全,并且自身故障不再扩大的状态。对于铁路信号来说,就是红灯状态,以防止有可能发生的列车或车列冲突事故。

当一架臂板信号机出现牵引绳索折断的情况,其能靠重力自动向列车发出停车信号,这就是故障导向安全侧。

“故障—安全”狭义概念是指:当设备发生故障时,能自动导向安全一方的技术;广义概念是指:当设备发生故障时,不仅能自动导向安全一方,而且具有维护安全的手段。

作业

1. 我国计算机联锁有哪几种类型?
2. 联锁检查哪几个基本条件?
3. 什么是超限绝缘?举例车站有几处超限绝缘?联锁是怎样检查超限绝缘的?
4. 什么是铁路信号“故障—安全”原则,并举例说明。

学习回顾

项目 2　车站计算机联锁系统设备组成

教学目的

熟悉车站计算机联锁系统实物设备及设备间的相互联系。

教学设备

计算机联锁系统及室内外设备。

技能目标

1. 掌握计算机联锁系统实物设备室内布置。
2. 掌握计算机联锁系统设备功能。
3. 掌握计算机联锁系统设备间的相互联系。

技能训练

(1)按照信号楼室内设备位置表(表 2-1)查找设备,对号入座,应能了解设备的型号、规格及作用。

3. 车站计算机联锁系统组成

表 2-1　信号楼室内设备位置

项目	计算机联锁系统	电源屏	分线柜(盘)	接口柜	综合柜	组合柜	轨道测试盘	UPS
型号								
规格								
位置								
作用								

技能训练要点示例：在计算机房找到计算机联锁机柜，指出其型号、规格、位置，并说出作用。在计算机房找到UPS机柜，指出、型号、规格、位置，并说出作用。在机械室找到电源屏、分线柜（盘）、接口柜、综合柜、组合柜、轨道测试盘，指出其型号、规格、位置，并说出作用。

（2）查找X进站信号机、S_{III}出站信号机、23/25号道岔、27号道岔的组合位置，通过办理北京方面下行4道接车进路和上行Ⅲ道发车进路，观察有关继电器的动作，了解上述设备从计算机机柜→接口柜→继电器组合→分线盘→室外设备之间的连接关系。

4. 车站计算机联锁系统设备组成

技能训练要点示例：在控制台办理下行4道接车进路。找到X进站信号机，27号道岔组合位置，并在办理进路的同时，查看X进站信号机组合的继电器动作变化情况和27号道岔组合位置的继电器动作变化。在控制台办理上行Ⅲ道发车进路。找到S_{III}出站信号机，23/25号道岔组合位置，并在办理进路同时，查看S_{III}出站信号机组合的继电器动作变化情况和23/25号道岔组合位置的继电器动作变化情况。描述办理进路，操动道岔后，设备动作的整个逻辑关系。

（3）通过图纸与实物对照，了解电源系统、设备的电源连接及设备的电源供电要求。

技能训练要点示例：翻阅图纸找到XJZ、XJF、GJZ、GJF、KZ、KF，电源走向图。在机械室组合柜零层找到XJZ、XJF、GJZ、GJF、KZ、KF实物，并理解电源环线。对XJZ、XJF电源走向进行描述，从电源模块→组合柜零层→组合内部→分线盘，并说出电源电压标准。

相关知识

车站计算机联锁系统分为室内设备和室外设备两大部分。

（一）室外设备

室外设备主要有：道岔转辙机、轨道电路、信号机、信号电缆等。

道岔转辙机、轨道电路的控制电路及信号机的点灯电路与6502电气集中相同，其工作原理及实训内容可参照《电气集中实训教学指导书》中有关内容及要求。

（二）室内设备

车站计算机联锁系统室内设备由控制台、电源屏、计算机联锁机柜、接口柜、继电器组合及组合柜、分线盘等设备组成。室内设备一般设置在信号楼内，信号楼是车站的控制中心。

1. 控制台

在信号楼车站值班员室内设有控制台。控制台的盘面是按照每个车站站场的实际情况布置的，盘面上的模拟站场线路、接发车进路方向、道岔和信号机位置均与站场实际位置相对应。计算机联锁控制台有数字化仪控制台、鼠标控制台、数字化仪加鼠标控制台和单元控制台等四种可选方式,目前采用最多的是鼠标控制台。

鼠标控制台采用21英寸彩色监视器提供站场图形显示、进路办理及现场作业情况、设备运行状态和有关的报警、提示信息等。监视器的数量取决于站场规模,通常为1或2台,还可通过视频分配器向后台车站值班员提供复示显示器。

控制台是车站值班员集中控制和监督全站的道岔、进路和信号机,指挥列车运行和调车作业的控制设备,也可供信号维修人员分析判断控制系统故障范围用。

2. 电源屏

信号楼继电器室或电源室设有电源屏,电源屏是车站集中联锁的供电设备。集中联锁属于一级负荷,要求有两路可靠电源,即主电源和副电源。主、副电源引至信号楼内,要能够自动和手动相互切换,经过稳压、隔离、变压或整流后,不间断地供给集中联锁需用的各种交流电源和直流电源。

信号电源屏分为电磁式信号电源屏和智能电源屏。电磁式信号电源屏属于老式电源屏,已经不能满足智能化、信息化和行车指挥自动化的要求。目前,车站集中联锁系统的供电设备,均以采用智能电源屏为主。

3. 计算机联锁机柜

二乘二取二计算机联锁系统,由两套独立的联锁设备组成。单系工作,另一系备用。根据其硬件结构,系统分为联锁逻辑子系统、安全智能I/O模块、监控机、维修机和综合配电柜5大部分,分别安装在联锁A柜、联锁B柜、综合柜和维修机操作台上。其中:联锁A柜安装A系的联锁逻辑子系统、安全智能采集子系统、安全智能驱动子系统;联锁B柜安装B系联锁逻辑子系统、安全智能采集子系统、安全智能驱动子系统;综合机柜安装A、B两系的电源子系统设备、操作显示子系统的监控A机和监控B机、联锁逻辑子系统中的以太网HUB设备等。维修机操作台为电务维护人员的操作终端,包括维修机主机、鼠标、显示器、打印机、计算机桌、端子排。

由于物理位置上安全智能I/O模块和联锁逻辑子系统处于同一个机柜,联锁机柜又称为联锁机。

计算机联锁系统的计算机柜装设在信号计算机机房内。信号计算机机房是计算机联锁所特有的,信号计算机机房与信号机械室之间通常用玻璃隔断。机房内要求温度保持在15 ~30 ℃,湿度保持在10% ~75%,有完善的防静电措施、良好的密封防尘措施。

4. 接口柜

目前,计算机联锁与室外设备的结合,除了全电子计算机联锁外,几乎都是以继电器作为接口。接口柜是计算机联锁采用继电器接口的特有设备,它是联锁机采集、驱动电路与组合柜接口之处,所有的驱动继电器和采集的继电器接点均在此处通过计算机用电缆与联锁机的采集板、驱动板相连。

接口柜可安装10层端子板底座,自下而上编号,每层可安装12块航空插座,前面是32芯航空插座,用以安插计算机用电缆的32芯航空插头;背面是压线端子,用以接入从组合柜来的导线及采集板、驱动板的电源端子。

5. 继电器组合及组合柜

在信号楼继电器室内设有继电器组合及组合柜。在各种计算机联锁系统中，目前除了全电子计算机联锁外，绝大部分的计算机联锁系统采用继电电路接口，需要设置相当数量的继电器。为了便于设计、施工和维护管理，通常将具有相同监控对象的继电器，按照继电接口电路要求组合在一起，设计成继电器组合，如道岔组合、信号组合、轨道电路组合、闭塞结合电路组合等通用继电器组合。

计算机联锁系统采用通用的集中联锁组合柜，组合柜分 11 层，1 ～ 10 层安装继电器组合，每层安装一个继电器组合。继电器按组合放置在组合柜上，每个组合包括的继电器数量最多不超过 10 个。第 11 层为组合柜零层，主要放置电源端子板、断路器板和室内分线盘端子板。

为了集中对轨道电路的有关参数进行测试，在组合柜上还设有轨道电路测试盘。

6. 分线盘

分线盘是室外信号电缆引入室内分线的设备，道岔、信号机、轨道电路等信号设备控制电路的室内与室外的联系导线都必须经过分线盘端子转接。

分线盘应设在便于室外电缆引入的地点，一般装设在信号楼继电器室电缆柜的通道上，既美观，又不占空间。

分线盘采用组合柜的构架时，可安装 10 层分线盘，从下向上顺序编为 F1 ～ F10，每层可安装 13 块 18 柱端子板或 15 块 6 柱端子板。

分线盘采用防雷分线柜时，分线柜分为 10 层，每层可安装 6 柱端子板 14 块，按信号机、道岔、轨道电路送电、轨道电路受电分配。

作业

1. 计算机联锁室外设备有哪些？
2. 计算机联锁室内设备有哪些？
3. 计算机联锁接口架的作用是什么？
4. 什么是二乘二取二计算机联锁系统？

故障案例

车站计算机联锁系统中人机会话层与联锁层主要由计算机板卡部件、网络通信设备组成，其维护检修、故障分析方法均与电路分析方法有较大的不同，下面以某实训站 TYJL-Ⅲ型计算机联锁系统为例，展示该系统故障处理流程及案例实践示例。

（一）联锁设备故障处理基本程序

TYJL-Ⅲ型设备故障处理流程如图 2-1 所示。

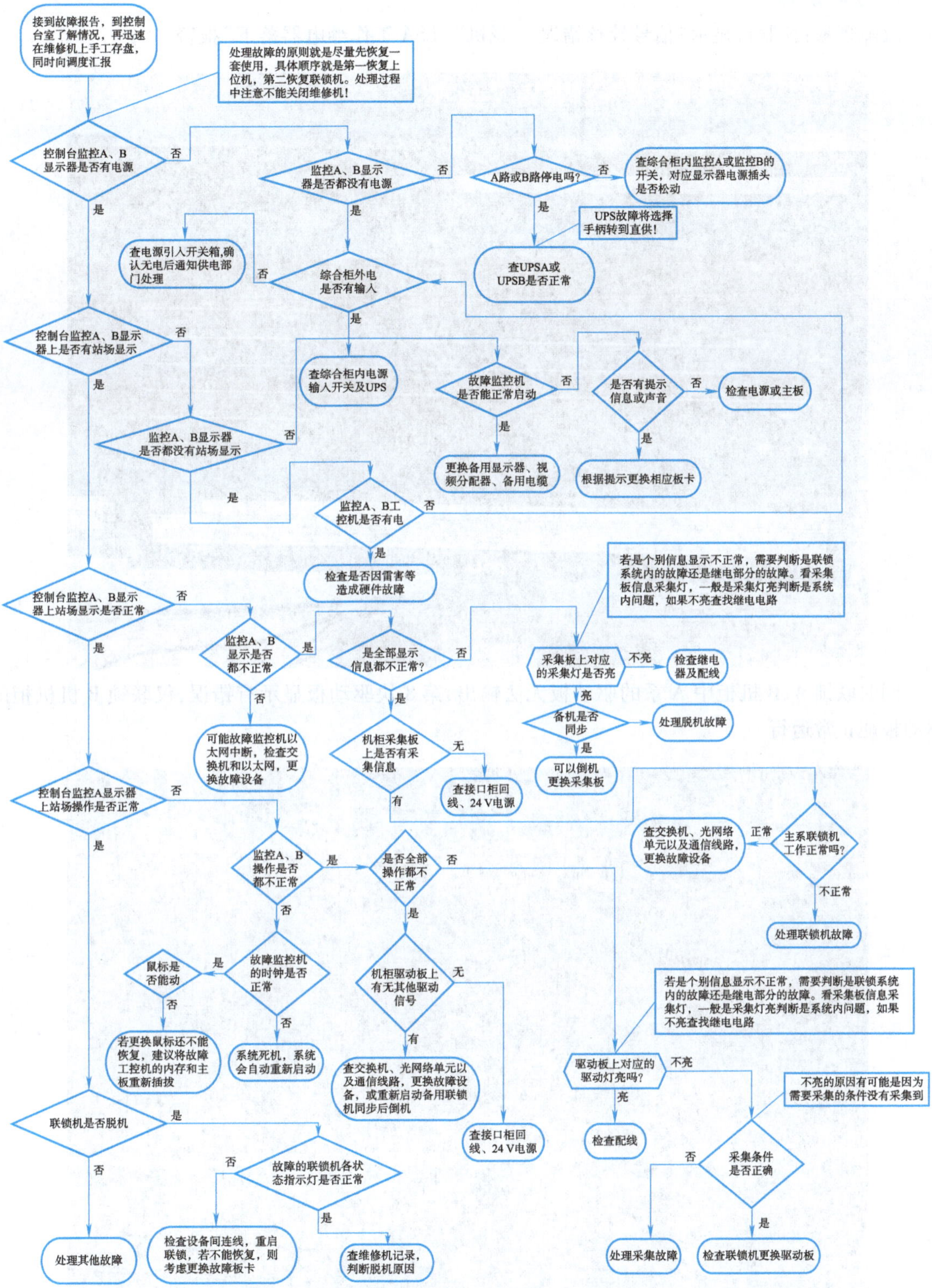

图 2-1　TYJL-Ⅲ型设备故障处理流程

(二)典型故障

故障现象:控制台显示“信号校核错误”“脱机”“LSA 工作继电器落下”报警。

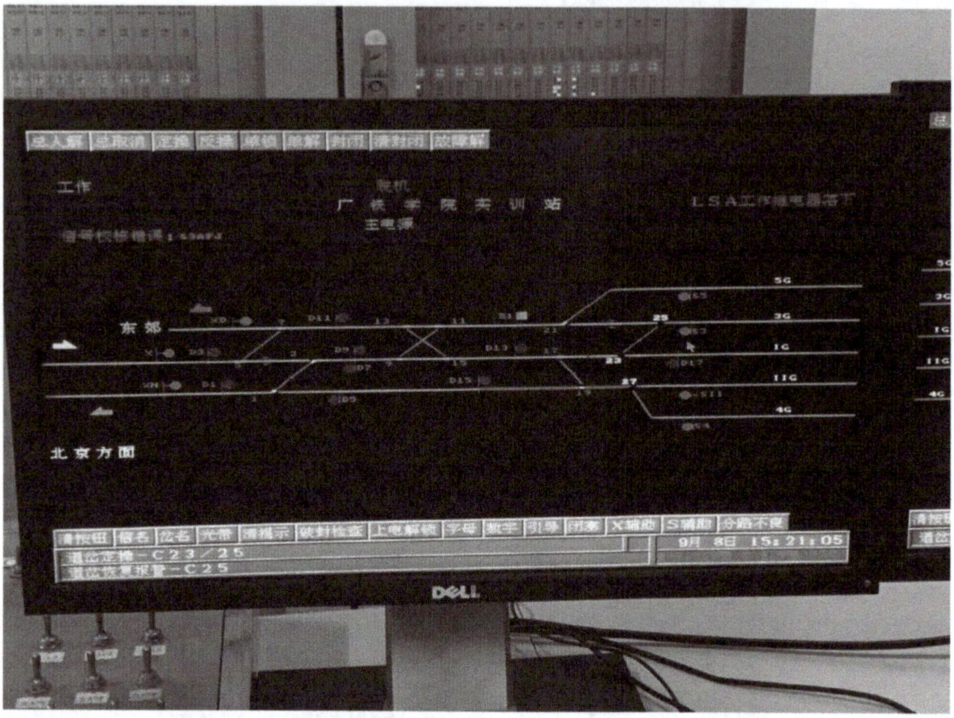

同时联锁 A、B 机柜中 A 系的驱动板无法输出,第 8 块驱动板显示有错误,仅联锁 B 机机柜的驱动板能正常运行。

故障分析：首先检查该驱动板位置的驱动母板、接口柜接口接触是否良好，确认排查后，将该驱动板与其他位置驱动板进行替换试验，发现原报警板卡替换至其他位置仍报警，基本判定该板卡运行老化、损坏，用备品替换后，A、B 联锁系统同步，故障恢复。

学习回顾

项目 3　控制台显示及操作

教学目的

1. 熟悉控制台各种按钮的用途、各种操作的方法。
2. 清楚控制台各种显示的意义。
3. 能够区分基本进路与变通进路、短调车进路与长调车进路。

教学设备

计算机联锁系统、控制台等。

技能目标

1. 掌握控制台盘面布置。
2. 能使用控制台各种按钮。
3. 掌握信号的显示意义。
4. 会排列各类进路。

技能训练

(1)排列下行 5 道的接车进路，进行进路的正常解锁、取消解锁、人工解锁。

技能训练要点示例：在控制台按压始端 XLA 信号机，终端 S_5A 信号机，排列接车进路。在机械室模拟压车从一接近区段开始，按顺序占用和出清，到 5G。重新开放 X 进站信号机，再按压“总取消”按钮，对应单击 X 进站信号机，取消进路。当接近区段有车占用时，按压“总人解”按钮，对应单击 X 进站信号机，取消进路。

办理人工解锁进路，首先用鼠标单击“总人解”按钮，输入密码(888)后再单击“确认”按钮。在 10 s 倒计时内单击进路的始端信号按钮，进路即进入人工延时解锁状态，屏幕下方出现进路延时解锁时间的倒计时。在“总人解”按钮按下后 10 s 之内，没有单击进路的始端信号按钮，“总人解”按钮自动恢复抬起状态。

(2)排列下行 5G 接车的变通进路。

5. 排列下行 5G 的接车进路

技能训练要点示例：按压始端 X 进站信号机，排列变通进路。

(3)排列 5 道向北京方面的发车进路，观察 1LQG、2LQG、3LQG 有车占用时的信号显示情况。

技能训练要点示例：按压始端 X_5A，终端按压 S_FA，排列发车进路。在机械室做条件模拟压车，1LQG 占用，看 X_5 信号机从绿灯变红灯，2LQG 占用，看 X_5 信号机从绿灯变黄灯，3LQG 占用，看 X_5 信号机从绿灯变绿黄灯。

(4)排列 D_{18} 向牵出线的长调车进路。

6. 排列 D_{18} 向牵出线的长调车进路

技能训练要点示例：始端按压 D_{18}A，终端按压 D_2A，排列长调车进路。

(5)办理下行通过进路。

7. 排列 X 行通过进路

技能训练要点示例：始端按压 XTA，终端按压 S_FLA，排列下行通过进路。

(6)办理下行 5 道的引导接车进路。

技能训练要点示例：将道岔对应操动到开向 5 道位置，单击 X 信号机“引导”按钮，输入密码 123，排列引导信号。

(7)进站信号机内方第一区段红光带办理进路引导，需每 15 s 按压一次“引导”按钮。

技能训练要点示例：①首先单击“引导”按钮，输入密码后单击“确认”按钮，引导信号开放。②“引导”按钮倒计时开始，保持按下状态 15 s。③在此倒计时内，必须重复单击“引导”按钮(不需再输入密码及确认)，使“引导”按钮连续保持按下状态，引导信号保持开放，直到列车进入进站信号机内方；否则，倒计时结束，“引导”按钮自动抬起，引导信号随之关闭。

(8)进路其他区段红光带，引导接车进路。

技能训练要点示例：单击“引导”按钮，输入密码后单击“确认”按钮，引导信号开放。

(9)引导总锁闭。

8. 引导总锁闭

技能训练要点示例：单击该咽喉引导总锁闭，输入密码后单击“确认”按钮，整个咽喉道岔锁闭，引导信号不开放。

(10)取消引导信号。

9. 引导信号的取消

技能训练要点示例：先单击“总人解”按钮，输入密码(888)后再单击“确认”按钮，在“总人解”的倒计时结束之前单击要人解的信号引导按钮，输入密码(888)后再单击确认按钮。

(11)信号开放后，进路中任一区段故障信号关闭，接近区段无车，如何解锁？解锁分两种。

技能训练要点示例：①故障恢复，直接按压本咽喉的“取消”和“始端”按钮进路解锁。②故障没恢复，必须按压本咽喉的“区解”按钮和白光带“区段”按钮，区段解锁。

(12)信号开放后，若进路中任一区段故障信号关闭，接近区段有车，如何解锁？解锁分两种。

技能训练要点示例：①故障恢复，直接按压本咽喉的“总人解”和“始端”按钮进路解锁，延时3 min或30 s后区段解锁。②故障没恢复，必须按压本咽喉的“区解”按钮和白光带“区段”按钮，延时3 min或30 s后区段解锁。

相关知识

(一)屏幕显示

1. 区段显示

(1)灰色光带：表示区段为空闲解锁状态。

(2)白色光带：表示区段为空闲锁闭状态且所在进路正常，此区段没有占用过(包括轨道电路故障的情况)。

(3)绿色光带：表示区段为空闲锁闭状态。表示该区段因占用、超限区段占用、道岔断表示、防护道岔不到位或办理区段故障解锁等原因使该区段的区段检查继电器落下，同样用绿色光带做标记。

(4)红色光带：表示区段为占用状态或区段轨道电路故障。

(5)青色光带：表示区段为“接通光带”或“引导总锁闭”状态。

(6)蓝色光带:表示区段为正在选路还未锁闭状态。

(7)光带变虚线:表示区段被人工设置为轨道分路不良标记。

2. 信号显示

(1)信号机的显示含义

信号表示器应能复示室外信号机的状态。进路表示器在控制台上不做显示。

注:当信号红色闪烁时,表示联锁系统不能采集到该信号的一灯丝继电器(1DJ)的吸起状态,需要电务人员进行故障处理。

(2)信号机的名称显示含义

①黄色稳定显示:表示信号在显示"信号名称"状态或是进路始端。

②信号名称位置的红色倒计时数字:表示以此信号为始端的进路人工解锁正在延时所剩余的时间(s)。

③信号名称位置的灰色倒计时数字:表示为坡道延续进路延时解锁所剩余的时间(s),或表示为中岔延时所剩余的时间(s)。

(3)控制台上信号机复示器的方框颜色显示含义

①白色闪烁显示:表示此信号的调车按钮刚按下。

②白色稳定显示:表示此信号为调车进路始端且进路未接近锁闭。

③绿色稳定显示:表示此信号为列车进路始端且进路未接近锁闭。

④紫色稳定显示:表示以此信号为始端的进路已接近锁闭。

⑤黄色稳定显示:表示此信号为进路的终端。如果此信号为调车进路的终端,则表示调车终端;如果此信号为列车进路的终端,则表示列车终端。

⑥红色稳定显示:调车信号机用,指示信号被人工加封。

(4)信号机灭灯状态

信号灭灯状态适用于高速铁路。

进、出站列车信号机常态为灭灯,司机凭车载信号行车。如遇未安装 ATP 车载设备或车载设备故障的列车办理相关进路时,应首先将相应信号机转为开灯状态,指示列车按地面信号行车。

当进、出站信号机处于灭灯状态时,在原信号机图形上增加显示"×";当进、出站信号机处于点灯状态时,信号机显示与普速铁路一致,如图 3-1 所示。

(a) 信号机处于灭灯状态显示　　(b) 信号机处于点灯状态显示

图 3-1　进、出站信号机状态显示

(5)列车信号按钮的颜色显示含义

①绿色闪烁显示:表示刚按下的列车信号按钮。

②绿色稳定显示:与控制台上信号的黄色方框结合表示为列车终端。

③红色和白色交替闪烁:表示为引导进路的始端。

④红色稳定显示:此列车信号被人工加封,除非解封,否则对其进行任何操作均不起作用。

3. 道岔显示

道岔显示包括道岔现在所处的状态和道岔区段的状态。

(1)岔根部的小圆点颜色显示含义

①绿色稳定显示:表示道岔此时处于定位位置。

②黄色稳定显示:表示道岔此时处于反位位置。

③白色闪烁显示:表示道岔刚断表示,断表示时间未超过允许断表示的规定时间(非特殊道岔,一般情况为13 s)。

④红色闪烁显示:表示道岔已断表示,超过允许断表示的规定时间(非特殊道岔,一般情况为13 s),此时道岔处于挤岔报警状态,需要电务人员进行故障处理。

(2)道岔光带显示含义

①灰色光带:道岔所在的轨道区段处于空闲状态。

②蓝色光带:在选路过程中,表明进路经过道岔的位置。

③白色光带:道岔所在的轨道区段处于空闲锁闭状态。

④绿色光带:道岔所在的轨道区段处于空闲锁闭状态且所在进路故障后恢复或此区段曾经占用过(包括区段的轨道电路故障后恢复的情况)。当进路的始、终端都解锁后可故障解锁。

⑤红色光带:道岔所在的轨道区段处于占用或轨道电路故障。

⑥青色光带:道岔所在的轨道区段处于接通光带或引导总锁闭状态。

⑦光带变虚线:表示道岔所在区段被人工设置了轨道电路分路不良标记,此标记仅为人工显示的标记,不含任何联锁关系。

(3)道岔名称显示含义

①黑底黄字显示:表示道岔在显示"道岔名称"或断表示状态。

②红底白字显示:表示道岔在封闭状态。

③白底红字显示:表示道岔在单锁状态。

④黑底红字显示:表示道岔在防护锁闭状态或者是该道岔处于引导总锁状态。

4. 静态图形显示

在与光带垂直方向的轨道电路的绝缘节有以下两种显示:

(1)灰色线段:表示普通绝缘节。

(2)红色线段:表示加红色圆,即表示该绝缘节为超限绝缘节。

5. 操作提示显示

操作提示在屏幕下方分咽喉显示,一栏为排进路操作提示,另一栏为其他操作提示。

6. 系统报警

当出现"通信中断""熔丝报警""灯丝转换"等报警情况,系统将在屏幕上显示"熔丝报警"、"灯丝转换"等报警信息,控制台上报警显示位置将显示相应的报警文字。控制台的报警显示区为可移动的显示框,车务人员可根据个人的使用习惯,将该报警窗口移动到屏幕的任意位置。

系统报警分为两种:

(1)一般报警文字

在报警窗口中显示报警信息,当报警条件成立时显示,报警恢复后,报警字符自动消失,如"通信中断""熔丝报警""灯丝转换"等报警。

(2)严重报警文字

在报警窗口中显示信息,同时会出现"设备故障,请速联系电务维修"的红色报警灯(闪烁),即使报警修复,报警字符也不会自动消失,这时只有电务人员通过“清除严重报警”命令才能取消报警字符显示,如“轨道前后接点校和错”“设备故障,请速联系电务维修”等报警。

7. 时间显示

在屏幕右下方显示当前时钟及日期,如果站场为两屏,则一屏显示日期,另一屏显示时间。

8. 型号显示

在屏幕左上方显示计算机联锁系统型号。

9. 计算机联锁系统通信状态显示

在屏幕上方显示计算机联锁系统通信状态。

(1)监控A机:表示此屏为系统中的A机。如有“:主”显示,表示A机为与调度集中(CTC)通信的主机;如有“:备”显示,表示A机为与调度集中(CTC)通信的备机。

(2)监控B机:表示此屏为系统中的B机。如有“:主”显示,表示B机为与调度集中(CTC)通信的主机;如有“:备”显示,表示B机为与调度集中(CTC)通信的备机。

(3)Ⅰ系主控:表示联锁机1系主控。

(4)Ⅱ系主控:表示联锁机2系主控。

(5)Ⅰ系同步:表示联锁机1系为备机且同步。

(6)Ⅱ系同步:表示联锁机2系为备机且同步。

(7)Ⅰ系未同步:表示联锁机1系为备机但不同步,需要通知电务。

(8)Ⅱ系未同步:表示联锁机2系为备机但不同步,需要通知电务。

(9)Ⅰ系未连接:表示联锁机1系没有数据连接,需要通知电务。

(10)Ⅱ系未连接:表示联锁机2系没有数据连接,需要通知电务。

(11)显示来源:表示当前界面显示信息的来源。正常状态下,显示信息的来源是当前的主控系,如果两系均脱机,则显示的信息来源为后脱机的系统。

(二)操作规程

车务操作控制的主要工具是鼠标,鼠标的结构包括左键和右键。在电脑屏幕上平时是以一个箭头出现,当鼠标从箭头形状变成“小手”状时,这时按下相应的鼠标键(左键或右键)有效,具体操作如下。

1. 一般操作

鼠标移动到站名(如“××站”)文字(任意一个字)上,当鼠标从箭头形状变成“小手”状时,单击鼠标右键会弹出功能菜单如图3-2所示。

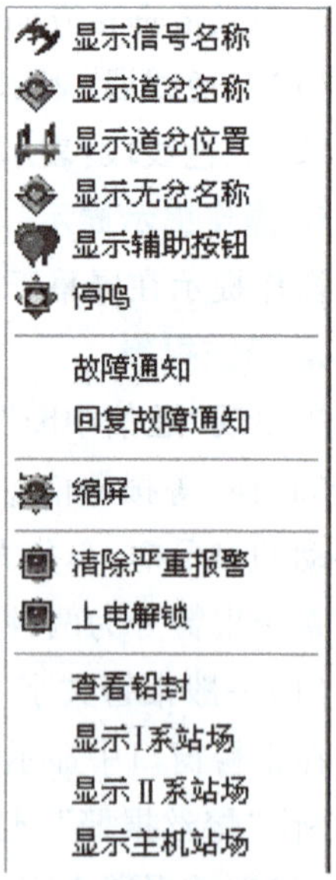

图3-2 站名功能菜单

(1)显示信号名称:移动鼠标,将鼠标箭头指向菜单上的“显示信号名称”时,“显示信号名称”选项变为蓝底白字,这时单击鼠标左键,初次操作,显示全站信号名称(如“$X_{Ⅱ}$”显示);再次操作,关闭全站信号名称的显示(如“$X_{Ⅱ}$”不显示)。

(2)显示道岔名称:鼠标操作顺序如上。初次操作,显示全站道岔名称(如“2”显示);再次操作,关闭全站道岔名称的显示(如“2”不显示)。

(3)显示道岔位置:鼠标操作顺序如上。初次操作,显示全站道岔位置的小圆点(如“·”显示);再次操作,关闭全站道岔位置的小圆点显示(如“·”不显示)。

(4)接通光带：鼠标操作顺序如上。初次操作，显示全站道岔光带；再次操作，关闭全站道岔光带的显示。

(5)显示无岔名称：鼠标操作顺序如上。初次操作，显示全站无岔区段的名称；再次操作，关闭全站无岔区段名称的显示。

(6)显示辅助按钮：打开或关闭“自动闭塞辅助”按钮和铅封计数器的显示。

(7)停鸣：停止当前的语音报警，但不影响以后产生的新的语音报警。

(8)故障通知：当系统发生故障需要电务人员维修时，可以选择此项，系统将此消息发送给信号集中监测系统。

(9)取消故障通知：当电务人员得到故障通知或已经完成维修后，可以通过此项取消故障通知。

(10)缩屏：当站场用两个电脑显示屏时才有此项菜单显示，当一屏故障不显示时，可采用缩屏将全部站场缩小显示在一个屏幕上。在缩屏的情况下，可以通过相同位置的“取消缩屏”命令取消以前的缩屏操作，使屏幕恢复正常。

(11)清除严重报警：当系统发生可能危及安全或有安全隐患的故障时，监控机会有“设备故障，请速联系电务维修”的报警显示，此时信号员应立即通知电务人员，经电务人员确认并修复故障后，由电务来发放此命令清除报警字符显示。

(12)上电解锁：计算机停电恢复后，车务人员必须确认站场内无进路存在，方可使用上电解锁方式一次性解锁站场上的所有轨道区段，否则只可用区段故障解锁方式解锁不在进路上的区段。

(13)铅封计数：选择后显示“铅封计数”界面，可以查两个咽喉的“破封”按钮的使用情况，使用界面上的“关闭”按钮可以关闭界面。

(14)显示Ⅰ系站场/显示Ⅱ系站场：选择该选项后，控制台将显示对应的联锁设备的站场信息。同时弹出的界面中将显示对应的系统报错信息。

注意：在该界面时，不能对站场进行任何的操作。

2. 信号操作

(1)总取消：当进路已办理但未接近锁闭时可以使用“总取消”命令取消已经排列好的进路。将鼠标移动至进路始端信号(根据进路性质选择相应的列车或调车信号按钮位置)的位置，当鼠标变为“小手”状后再单击鼠标右键，弹出的菜单如图3-3所示。选择其中的“总取消”命令即可。

图3-3　点取消操作功能菜单

(2)始端总人解：当进路已处于接近锁闭状态时，如果需要取消进路，则需要使用“总人解”命令。将鼠标移动至进路始端信号(根据进路性质选择相应的列车或调车信号按钮位置)的位置，鼠标变为“小手”状后再单击鼠标右键，在弹出的菜单中选择“总人解”命令，此时会弹出“口令确认”窗口，用鼠标左键单击相应的数字按钮，输入口令，如果输入错误可以按压“退格”按钮删除以前的输入，然后重新输入，最后按压“确认”按钮，命令操作窗口提示口令正确与否，如口令正确，“总人解”命令执行。当信号关闭后，根据进路性质延时解锁。接车进路及正线发车进路延时时间为3 min，其他进路延时时间为30 s。如果进入口令确认窗口状态后发现操作错误，可以通过按压“取消”按钮取消本次操作。

(3)终端总人解：当进路上轨道电路故障导致列车走过后，从故障区段到进路终端的进路不能正常解锁时，将鼠标移动至进路的终端信号（根据进路性质选择相应的列车或调车按钮位置，此信号机上应该有黄色框标识）的位置，鼠标变为"小手"状后再点压鼠标右键，在弹出的菜单中选择"总人解"命令，经过口令确认后进入终端总人解状态，终端人解要延时 30 s。

(4)开放引导信号：当接车进路的区段轨道电路故障且道岔表示正常时，不能排列接车进路，需要办理引导接车时，先将进路中所有道岔单操到要求位置，然后用鼠标右键单击进站信号列车按钮，在弹出的菜单中选择"开放引导信号"，经过口令确认后引导信号开放。若引导进路进站信号机内方第一区段轨道电路故障时，需在 15 s 之内反复按压引导进路始端的进站信号按钮，方能保证引导信号的正常开放，否则引导信号将关闭，这种情况下有 15 s 倒计时的显示。当引导进路使用完毕，人工确认车列完全进入股道后，在接车信号的列车始端和终端按钮位置先后办理总人解，即可人工解锁引导进路。

注：引导接车当列车进入信号机，信号关闭后，进路始端的绿色按钮会红色、白色交替闪光，表明目前的进路为引导进路。

在高速铁路上，有岔站进站信号机设置引导总锁闭功能，出发信号不增加引导总锁闭方式的引导；无岔站（无配线车站）不设引导总锁闭功能。

(5)办理引导总锁闭：当接车进路中的道岔失去表示，不能排列接车进路与引导进路时，需要办理引导总锁闭进行接车作业。将鼠标移动至相应咽喉的进站信号机列车按钮处，单击鼠标右键，在弹出的菜单中选择"办理引导总锁闭"命令，并输入相应口令，本咽喉中所有道岔将被锁闭，再办理引导进路。当引导总锁闭使用完毕且人工确认车列完全进入股道后，再次弹出此项菜单，原来位置会变为"取消引导总锁闭"，选择此命令，并输入相应口令，即可取消引导总锁闭状态。

(6)加封：为了防止误碰按钮，误取消某条列车进路，对所有的列车信号均可设置封锁标记。将鼠标移到相应的列车按钮处，鼠标变为"小手"状后单击鼠标右键弹出菜单，选择"加封"命令，此时相应的按钮由绿色变成红色，表示信号加封成功。这时就不能通过此按钮办理列车进路。

调车按钮的加封与列车按钮的加封后的显示略有不同，调车按钮加封后是在相应的调车按钮上加一个红框。

(7)解封：当信号加封后，必须解封才能对其办理作业。解封的操作同样是对准相应的按钮，弹出菜单，选择"解封"命令，当按钮从红色变成绿色，表示解封成功。调车按钮解封后相应的调车按钮上的红框消失。

3. 道岔操作

道岔按钮位于道岔岔心的小圆点位置。将鼠标移动至道岔按钮后，鼠标从箭头变成"小手"状，单击鼠标的右键会弹出操作菜单如图 3-4 所示，其中第一行是道岔号，具体命令介绍如下：

(1)总定：单操道岔至定位。

(2)总反：单操道岔至反位。

(3)单锁：单独将道岔锁在当前位置。单锁后，相应的道岔名称由一个白色的方框框住，变为白底红字。此时道岔单操和进路操作均无效，但可排列道岔单锁位置的进路。

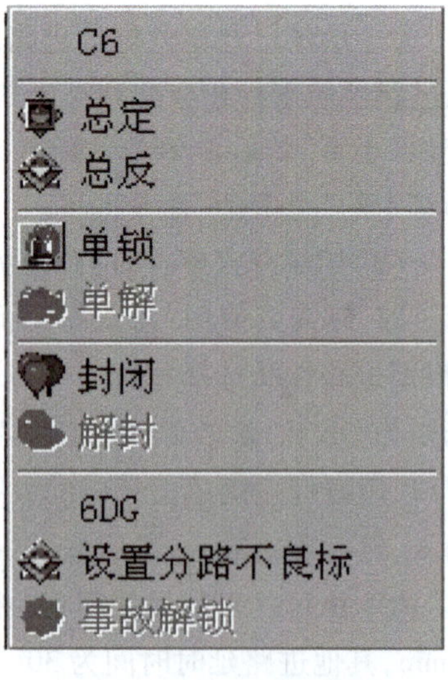

图 3-4　道岔功能操作菜单

(4)单解:解除对道岔的单独锁闭。

(5)封闭:封闭道岔。道岔封闭后,相应的道岔名称由一个红色的方框框住,变为红底白字。此时不能排列通过本道岔的任何进路(包括列车进路、引导进路和调车进路),但可进行单操。

注意:在同一个区段中的任何道岔(虽然不在进路中)有封闭,经过此区段的进路都不能排出。

(6)解封:解除对道岔的封闭。

(7)设置分路不良标:经人工确认轨道电路分路不良后,可以设置轨道电路分路不良标记。分路不良标记设置后,相应轨道区段的光带将变为虚线,以此来区分轨道电路分路不良,但它不影响行车作业办理。如果要取消轨道电路分路不良标记,则重新弹出菜单,选择'清除分路不良标记'命令,命令生效后,轨道电路的光带显示将恢复正常,此操作需要电务人员操作。

(8)事故解锁(即"区段故障解锁"):人工方式解锁进路是解锁区段的一种手段。当进路的始端已经解锁,并且确认车已经不在进路上时,可以对进路上的区段逐个办理"事故解锁";当进路的始、终端均已解锁,可以对无车占用的区段办理"事故解锁"。当进路完好信号开放时,区段故障解锁只能关闭信号,区段不解锁。对准区段,弹出菜单,选择"事故解锁"命令。输入口令,"事故解锁"命令执行。在信号开放的进路中任何一个轨道区段进行区段故障解锁,信号都会关闭(包括引导信号),利用区段故障解锁也是紧急关闭信号的一种办法。

4. 无岔区段的故障解锁

当进路的始、终端均不存在时,将鼠标移动至无岔区段上,单击鼠标的右键,会弹出相应的操作菜单,选择"事故解锁",正确输入口令后,命令生效。

注:对不设区段组合的无岔区段,亦不设"事故解锁"按钮。

5."闭塞"按钮的操作方法

"闭塞"按钮分为需要输入口令和需要确认两种类型。对于需要输入口令的"闭塞"按钮,移动鼠标到按钮处,当鼠标由箭头状变成"小手"状时,单击鼠标左健,则出现密码框并提示按压口令,输入口令正确后,按钮名称将变成黄色,按钮从白色变为红色,铅封按钮计数器计一次数,例如"接车辅助""发车辅助""总辅助""改方""事故"按钮。对于需要确认的"闭塞"按钮,则按压按钮后,会出现"确认"提示框,操作员确认操作正确后,按压"确认"按钮即可,如果操作员发现操作有误,可以通过按压"取消"按钮取消本次操作。例如半自动闭塞的"闭塞"按钮和"复原"按钮。

另外"闭塞"按钮又分为自复式按钮和非自复式按钮。如果此按钮为自复式按钮,在按下后,出现口令输入框或确认框,输入正确口令并确认后按钮有效,并且按钮自动弹起恢复到原先正常状态,例如"改方""事故""闭塞"和"复原"按钮,或延时弹起,例如"接车辅助"按钮、"发车辅助"按钮。如果按钮为非自复式按钮,在按压且输入正确口令后,按钮的状态则保持在按下状态不变,若想弹起按钮则必须重新用鼠标左键单击按钮且输入正确口令后,才能恢复原先状态,例如自动闭塞的"总辅助"按钮。

6. 如何设置车次

当股道或无岔区段有特殊用途或停着特殊车辆时,在股道、无岔区段上可以设置一些特殊的字符、数字(如车次号),以便值班员标记该股道或无岔区段的存车情况。

具体操作步骤为:鼠标移动到相应的股道、无岔区段,鼠标从箭头状变成"小手"状,单击鼠标右键,在弹出的菜单中选择"设置标记"命令,在弹出的窗口中输入车次号或其他标记,标记输入框旁边有一个红色小方框表示标记显示颜色为红色,如果想要改变颜色,鼠标左键单击此颜色方框,在弹出的窗口中选择自己想要的颜色并确认。若设置成功，在相应的股道或无岔区段上显示设置标记。

如果此时想要清除标记，选择菜单中的“清除标记”命令，可以清除标记。否则，当股道或无岔区段由占用变为空闲后，标记将自动清除。

7. 半自动闭塞的办理

(1) 请求闭塞

发车站按下“闭塞”按钮并确认后，同时本站发车方向表示灯变黄，接车站电铃鸣响或有“请求闭塞”语音提示，此时若接车站按下“闭塞”按钮，即同意闭塞，且本站发车方向表示灯变绿，正常闭塞办理完成。

(2) 同意闭塞

当本站控制台有“请求闭塞”语音提示且控制台接车方向表示灯变黄时，说明邻站请求闭塞，此时若按下“闭塞”按钮并确认后，接车方向表示灯变绿，则同意闭塞办理完成。

(3) 取消闭塞

当发车站申请闭塞，但接车站没有同意闭塞的情况下，发车站按压“复原”按钮即可取消闭塞。

当发车站的发车进路还未办理，但闭塞已办好，此时若想取消闭塞，则只能由发车站按压“复原”按钮取消闭塞。若已办理出发进路且出发信号已开放，则发车站应先取消出发进路，然后再按下“复原”按钮，取消闭塞。

当列车进入接车站的进站信号机内方第一个区段后，接车站可按下“复原”按钮即可取消闭塞。

如果接车站引导接车时，待引导进路解锁后，此时方可取消闭塞。

(4) 事故复原

由于设备故障等原因不能正常复原时，经双方值班员确认区间无车的情况下，可由一方按下“事故复原”按钮使设备复原，但“事故复原”按钮需输入口令后才能执行。

8. 场间联系

在本场与对方场接口的位置，屏幕上显示指向本场的照查表示箭头，当排向对方场的列车进路或调车进路照查条件满足时，该表示箭头为灰色，这时可以办理去对方场的进路；当照查条件不满足时，调车照查表示箭头为白色，列车照查表示箭头为绿色，场间联络线占用时表示箭头为红色。当本场需要有对方场进场信号的复示表示时，该接口处设有信号复示表示灯。

9. 自动闭塞改变方向的办理

(1) 为自动闭塞设置的按钮及表示灯

①按钮

为自动闭塞设置的按钮有 4 种，分别是：总辅助按钮（非自复带密码计数器）、发车辅助按钮（自复带密码计数器）、接车辅助按钮（自复带密码计数器）、改方按钮（自复带密码计数器，对于正向接车口设置，正向发车口不设此按钮）。

②表示灯

辅助办理表示灯（平时不亮，辅助办理过程中，亮红灯，如果方向电路制式采用两线制，当辅助办理其中一方按下“发车辅助”按钮或“接车辅助”按钮后，会闪红灯，亮方都按下后，亮稳定灯光）。

区间监督表示灯（当区间空闲时，灭灯，区间有车占用时亮稳定灯光。如果方向电路制式采用四线制方向电路，当辅助办理时，会出现红色闪烁灯光）。

接车方向箭头表示灯(对于每一自动闭塞方向口设置一个,箭头方向朝向站内,当此口对应的区间运行方向处于接车方向时,亮稳定黄色,否则为灰色)。

发车方向箭头表示灯(对于每一个自动闭塞方向口设置一个,箭头方向朝向区间,当此口对应的区间运行方向处于发车方向时,亮稳定绿色,否则为灰色)。

(2)正常办理

①正向接车口的办理

如果需要正向接车口办理发车进路时,开放信号需要改变对应区间的列车运行方向,首先按下此方向口的“改方”按钮并输入正确的口令,向此方向口办理发车进路,如果区间空闲(区间监督表示灯灭灯),此方向口的区间运行方向即可自动转换,然后办理发车进路即可。

②正向发车口的办理

如果正向发车口处于接车状态而需要办理发车时,在确认区间空闲(区间监督表示灯灭灯)后,向此方向口办理一条发车进路,如果区间空闲(区间监督表示灯灭)此方向口的运行方向即可自动转换。

(3)辅助办理

在区间故障和出现双接的情况下,欲改变方向,都要进行辅助办理,其办理方法如下:

两站值班员确认要进行辅助办理后,如本站欲改为发车站,则由车站值班员按压“总辅助”按钮且输入正确口令后使之处于按下状态有效(绿底红字),再按下“发车辅助”按钮且输入正确口令后,其辅助办理表示灯亮灯,表示本站正在进行辅助办理,此时“发车辅助”按钮保持按下状态15 s,如果此时间内对方站未按压“接车辅助”按钮,则需要在15 s内再次用左键按压“接车辅助”按钮。当对方站按压“接车辅助”按钮,方向改变成功后即可(本站的发车表示灯亮,接车表示灯灭,表示本站已改为发车站后)。

如果本站欲改为接车站,则等对方站按压了“发车辅助”按钮后,由车站值班员按压“总辅助”按钮并且输入正确口令后使之处于按下状态有效(绿底红字),再按下“接车辅助”按钮并且输入正确口令后,其辅助办理表示灯亮灯,表示本站正在进行辅助办理。此时本站即可松开鼠标左键。接车表示灯亮,发车表示灯灭,表示本站已改变成接车站。

10. 机车出/入库的办理

(1)机车入库办理

车站控制台上的机车同意箭头平时是灰色的,当需要机车入库时,本站与机务段进行电话联系,待机务段闸楼值班员按下“机务段同意”按钮(自复式按钮)后,此时,车站控制台上的机车同意标记箭头亮白色,车站值班员确认机务段同意机车入库后,车站值班员可办理机车入库进路并开放信号。如果在得到“机务段同意”信号前办理了调车进路,则进路只能锁闭,但信号不开放,得到“机务段同意”信号后需要补开信号,如果是长调车进路,只需补开排列进路的始端信号即可。

(2)机车出库办理

机车出库时,车站得到机务段值班员的请求后,办理机车出库的调车进路即可。

(三)进路办理

1. 列车进路办理

(1)车务操作时信号员使用鼠标左键顺序单击“进站信号”按钮、“变更”按钮(若有变更)、相应股道反方向出站信号按钮即可。

(2)发车进路:车务操作时,信号员使用鼠标左键顺序单击股道出站信号按钮、“变更”按钮(若有变更)、同咽喉进站信号按钮即可。

(3)通过进路:

①有通过按钮时,车务操作时信号员使用鼠标左键顺序单击进站信号通过按钮、对方咽喉反方向进站信号按钮即可(两个按钮按下的间隔要求大于1 s)。

注:当进站信号机有通过按钮时,此信号机的通过按钮与列车按钮在按压右键后出现的功能菜单相同。

②无通过按钮时,车务操作时信号员使用鼠标左键顺序单击进站信号按钮、通过股道反方向出站信号按钮、通过股道同方向出站信号按钮、对方咽喉反方向进站信号按钮即可。

2. 调车进路办理

(1)短调车进路:车务操作时信号员使用鼠标左键顺序单击调车进路始端信号机机构、调车进路终端信号机机构即可。

(2)长调车进路:车务操作时信号员使用鼠标左键顺序单击长调车进路始端信号机机构按钮、长调车进路终端信号机机构即可,但取消时须分段办理。

3. 列车/调车进路的故障解锁

在进路不能正常解锁的情况下,值班员根据进路的情况可以采用以下3种故障解锁的办法解锁进路,这里需要说明的是新增了“总人解”终端信号机的方式。

【方式1】 总人解始端信号机

进路已处于接近锁闭状态,如果需要取消进路时,或者是车列驶过以后从进路始端第一区段开始就没有解锁时,这时要用“总人解”命令解锁始端信号,解锁该进路。接车进路及正线发车进路延时时间为3 min,其他进路延时时间为30 s。

【方式2】 总人解终端信号机

当进路上轨道电路故障导致列车运行过后,从故障区段到进路终端的进路不能正常解锁时,这时要用“总人解”命令解锁终端信号,解锁从故障点到终端的进路(根据进路性质相应的列车或调车按钮位置,此信号机上应该有黄色框标识),终端人解要延时30 s。

如果终端信号机上无黄色框标识,先用总人解解锁始端信号机,之后再执行上述操作解锁终端。

【方式3】 区段故障解锁

当进路的始、终端均不存在或进路始端已经不存在(已经解锁)且进路上没有解锁区段全部被占用过并且全部出清后,沿进路方向依次选择区段的“区段故障解锁”命令解锁锁闭的区段。

注:进行“总人解”和“总取消”操作时,一定要首先区分是对列车进路进行操作,还是对调车进路进行操作,然后选择正确的按钮进行操作。

4. 引导接车进路的解锁

引导接车进路的解锁和列车进路的故障解锁略有不同。在引导接车进路不能正常解锁的情况下,可以采用以下3种故障解锁的办法解锁引导接车进路。

【方式1】 总人解始端信号机

当引导接车进路使用完毕,人工确认车列完全进入股道后,在接车信号的列车始端按钮位置办理“总人解”,即可人工解锁引导进路。

未曾使用的进路引导接车进路要取消时，在接车信号的列车始端按钮位置办理“总人解”，即可人工解锁引导进路。

【方式2】 总人解终端信号机

当进路上轨道电路故障，引导接车后，车列完全进入股道后，进路上仍留有红光带，这时用“总人解”命令解锁始端信号后，进路解锁到故障区段。从故障点到终端的进路需要用总人解终端信号机的方式解锁（根据进路性质相应的列车或调车按钮位置，此信号机上应该有黄色框标识），终端人解要延时30 s。

【方式3】 区段故障解锁

当进路的始、终端均不存在，选择区段的“区段故障解锁”命令解锁锁闭的区段。在进路终端存在的情况下，“事故解锁”按钮解锁无效。

作业

1. 简述控制台的盘面布置。
2. 回答下列几种操作应如何办理？控制台有何显示？信号显示意义是什么？

   （1）排列下行5G接车进路。

   （2）排列下行5G接车的变通进路。

   （3）排列5G向北京方面的发车进路（3LQG有车占用）。

   （4）排列D_{18}向牵出线的长调车进路。

学习回顾

项目 4　接口系统的认知

教学目的

1. 通过对接口系统的学习，掌握计算机联锁系统接口电路原理。
2. 能识读计算机联锁系统接口电路图。
3. 能识读计算机联锁系统信息表。

教学设备

计算机联锁系统、控制台、电源屏、继电器组合柜、接口柜、分线盘等。

技能目标

1. 会维护计算机联锁系统接口电路。
2. 会对计算机联锁系统故障处理。

技能训练

（1）熟悉道岔、信号机、轨道电路等信号设备的采集、驱动电路和信息表的内容。

10. 接口系统 1

技能训练要点示例：翻阅图纸查看 23/25 号道岔驱动、采集电路及信息表；X 进站信号机驱动、采集电路、信息表；23DG 轨道电路采集电路、信息表。

（2）掌握道岔、信号机、轨道电路等信号设备从计算机机柜→接口柜→继电器组合柜→分线盘→室外设备之间的连接关系。

技能训练要点示例：描述 23/25 号道岔驱动、采集走向，从控制台按压操动道岔开始，到计算机机柜驱动信息→接口柜→继电器组合柜→分线盘→室外设备动作→分线盘→继电器组合柜→接口柜→计算机机柜采集信息。

描述 X 进站信号机驱动、采集走向，从控制台开放信号开始，到计算机机柜驱动信息→接口柜→继电器组合柜→分线盘→室外设备动作→分线盘→继电器组合→接口柜→计算机机柜采集信息。

描述23DG采集走向,室外设备→分线盘→继电器组合柜→接口柜→计算机机柜采集信息。

(3)排列一条X进站信号机至Ⅲ道的接车进路,查看该进路上有关道岔、信号机、轨道电路等信号设备的采集表示灯和驱动板表示灯状态和继电器的工作状态。

11. 接口系统2

技能训练要点示例:始端按压XLA,终端按压$S_{Ⅲ}$LA,排列接车进路。查看进路上各轨道区段空闲采集信息表示灯,查看该进路的23/25号道岔组合1DQJ、2DQJ、BHJ、1DQJF、DBJ、FBJ继电器变化情况,DBJ、FBJ采集表示灯和DCJ、FCJ、YCJ驱动表示灯的变化。查看X进站信号机各驱动信息表示灯及继电器动作状态顺序ZXJ、LXJ,采集信息表示灯ZXJ、LXJ、DJ。

(4)熟悉接口柜的构造、作用及防雷的原理。

技能训练要点示例:描述接口柜的构造、作用及防雷的原理。

①在电路原理层面上,并不需要接口柜,从计算机接口板上可以直接接线到继电器线圈上。但是,从现场的室内工程建设,以及开通后的设备维修和故障处理方面,接口柜是必需的,它的作用是非常重要的。

②接口柜是计算机联锁系统和继电器电路之间的“分界线”。发生故障的时候,需要在接口柜上测量电信号,以判断故障点是在计算机一侧,还是在继电器电路一侧;接口柜体型大,各接线柱之间距离远,便于测量,联锁系统的接口板难以测试;接口柜把所有的接口信号汇集在一起,需要同时测量多个信号时就很方便,而继电器电路分散。

③室内设备和室外设备之间设置的分线盘的作用是相同的,接口柜就是根据分线盘的设计思路设置的。

(5)某组道岔驱动、采集故障处理分析。

技能训练要点示例:

【案例1】

①23/25号道岔定位到反位操不动,室内外确认故障现象。

②办理登记联系要点手续。

③通过操动道岔检查故障设备的联锁驱动继电器状态,发现是FCJ未吸起。

④通过测试FCJ线圈1-4无电,固定IOF,测试发现接口柜无电,查看23/25号道岔对应驱动板发现表示灯异常。

⑤更换驱动板后操纵道岔正常。

⑥对道岔试验良好,办理交付。

【案例2】

①23/25号道岔定位无表示。

②办理登记联系要点手续。

③通过查看 DBJ 吸起，判断故障为采集电路故障。

④固定 IOF，测试发现接口柜有电，查看 23/25 号道岔对应的采集板发现表示灯异常。

⑤更换采集板，定位表示恢复正常。

⑥对道岔试验良好，办理交付。

相关知识

(一)接口系统电路工作原理

接口系统是指以接口柜为界，对外与现场设备相连，对内与计算机联锁主控系统相连的电路系统。

目前，我国的计算机联锁系统的输入/输出控制电路，基本上还是采用继电器结合电路，因而，其接口系统可大致分为两大部分：一部分是基本未做更改的 6502 电气集中电路及其他电路或系统；另一部分是计算机联锁系统特有的采集电路和驱动电路。

1. 结合电路继电器组合

计算机联锁系统基本完整地保留了 6502 电气集中对室外设备的控制电路和表示电路，并以这些电路中相关的继电器(如 DCJ、FCJ、DBJ、FBJ、GJ、XJ、DJ 等)为界面进行控制和信息采集。

为了完成信号设备状态信息采集和控制命令输出，计算机联锁系统与 6502 电气集中电路一样，对应于信号机、道岔、轨道电路等信号设备，需要设置相应的继电器组合及继电器。不同的计算机联锁系统，所设置的继电器组合及继电器会有所不同。以 TYJY-Ⅲ型计算机联锁为例，需要设置的继电器组合主要有：信号组合、道岔组合、轨道组合及其他结合电路的继电器组合，见书末附表 1。

有关继电器组合配置原则如下：

(1)信号组合分为进站信号组合、出站信号组合和调车组合。

①每架进站信号机需要设置 1 个进站信号组合。

②每架出站信号机需要设置一个出站信号组合，如信号机是有发车进路表示器的，则应选用带方向继电器的出站信号组合。

③每架调车信号机只需设置 XJ 和 DJ，因而，每个调车信号组合可以同时安排 4 架调车信号机。

(2)道岔组合分为四线制道岔组合、五线制交流道岔主组合和辅助组合、六线制道岔组合等。

①对于只有一个牵引点的，转辙设备采用 ZD6-D 型电动转辙机的普通道岔，配置一个四线制道岔组合即可。

②对于有多个牵引点的，转辙设备采用交流转辙机的提速道岔，可配置一个交流道岔主组合，再根据牵引点的数量，配置相应数量的交流道岔辅助组合。

③对于有两个牵引点的，转辙设备采用 ZD6-E、ZD6-J 型电动转辙机的 1/12AT 型道岔，可配置六线制道岔组合。

(3)轨道电路组合分为 25 Hz 相敏轨道电路组合和轨道复示继电器组合。

①25 Hz 相敏轨道电路组合，每个组合可以安排 3 个轨道区段。

②轨道复示继电器组合，每个组合安排了 7 个区段的轨道复示继电器。

2. IO 板工作原理

IO 板工作原理如图 4-1 所示。

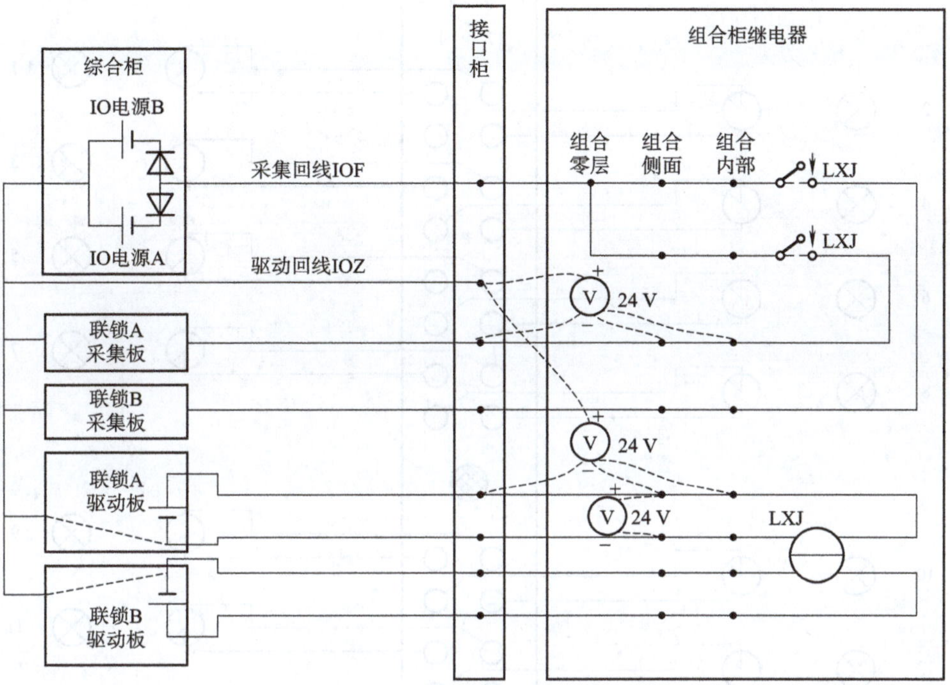

图 4-1 IO 板工作原理

采集回线 A、B 机共用，为 I/O 电源的负端。

驱动板为双断驱动板，即每块驱动板有 32 路输出端子，每两路控制一个驱动对象，也就是每块驱动板最多控制 16 个继电器。每个驱动对象在驱动板上有一个对应指示灯。驱动指示灯及驱动端子如图 4-2 所示。

3. 驱动电路

驱动电路包括道岔驱动电路、信号机驱动电路、零散驱动电路等，驱动继电器采用 JPXC-1000 型继电器，线圈分开使用，由 A 机或 B 机驱动控制。

(1)道岔驱动电路

道岔驱动电路如图 4-3 所示，其驱动对象是定位操纵继电器 DCJ、反位操纵继电器 FCJ 和锁闭防护继电器 SFJ。

DCJ、FCJ 和 SFJ 设置在道岔主组合内，每组单动道岔或双动道岔设置一套。当联锁机输出道岔转换的命令时，指定道岔的 DCJ、SFJ 或 FCJ、SFJ 被驱动吸起，控制道岔转换。

M1 ～ M3 为防雷原件，是为增强计算机联锁系统雷电防护能力而设置的。

(2)信号机驱动电路

信号机驱动电路分为进站信号机驱动电路、出站兼调车信号机驱动电路和调车信号机驱动电路。

①进站信号机驱动电路

进站信号机驱动电路如图 4-4 所示，驱动的继电器有列车信号继电器 LXJ、正线继电器 ZXJ、引

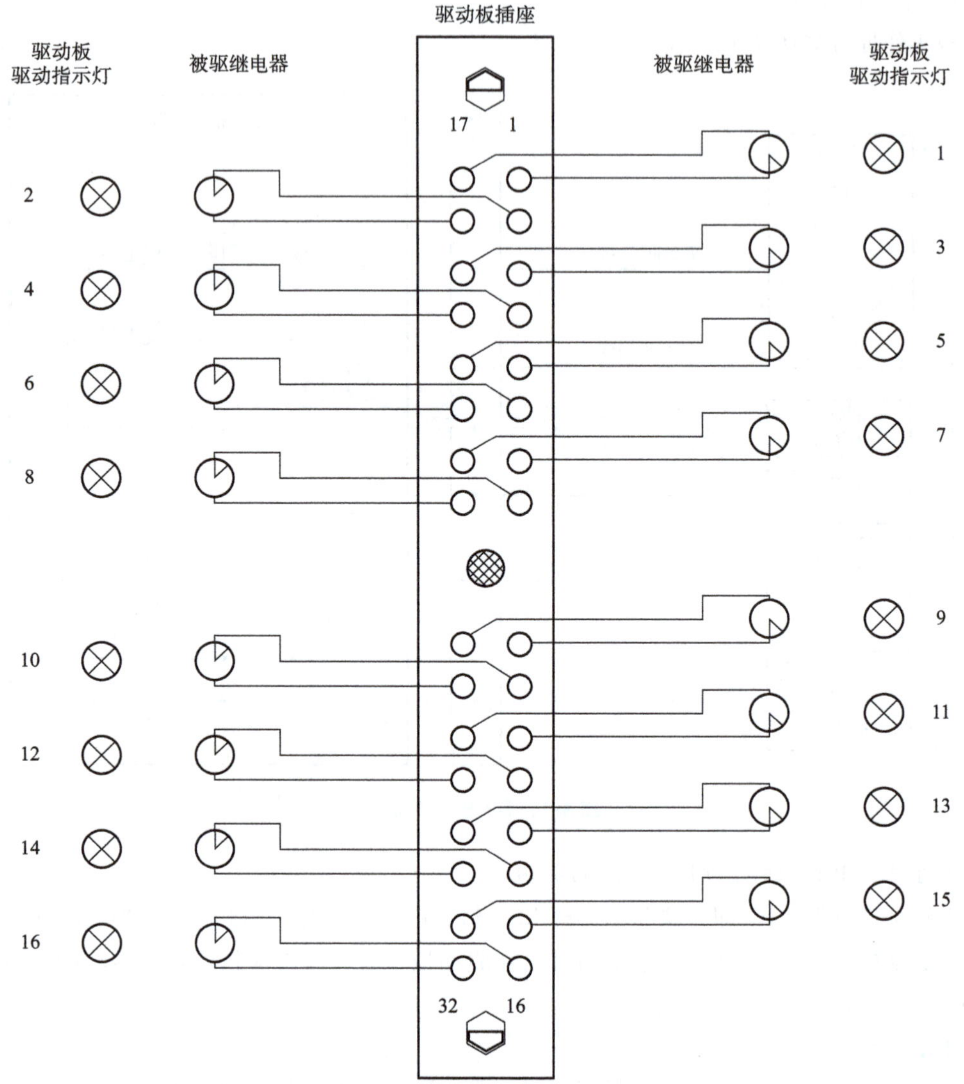

图 4-2　驱动指示灯及驱动端子

导信号继电器 YXJ、通过信号继电器 TXJ 和绿黄信号继电器 LUXJ。举例站场的反方向进站信号机 X_F和 S_F，因反方向按站间自动闭塞运行，故不需设置 LUXJ，而东郊方面为直进出弯，X_D不设 TXJ 和 LUXJ。

②出站兼调车信号机驱动电路

出站信号机有一方向、二方向、多方向的不同情况，一方向出站信号驱动的继电器有列车信号继电器 LXJ 和调车信号继电器 DXJ，其驱动电路如图 4-5 所示。

举例站场的下行出站为二方向，其驱动电路如图 4-6 所示，驱动的继电器有 LXJ、调车信号继电器 DXJ、主要方向继电器 ZXJ 和次要方向继电器 FXJ。

上行出站信号机为三方向，其驱动电路如图 4-7 所示，驱动的继电器除了 LXJ、DXJ 外，还有 A 方向继电器 AFJ、B 方向继电器 BFJ 和 C 方向继电器 CFJ。

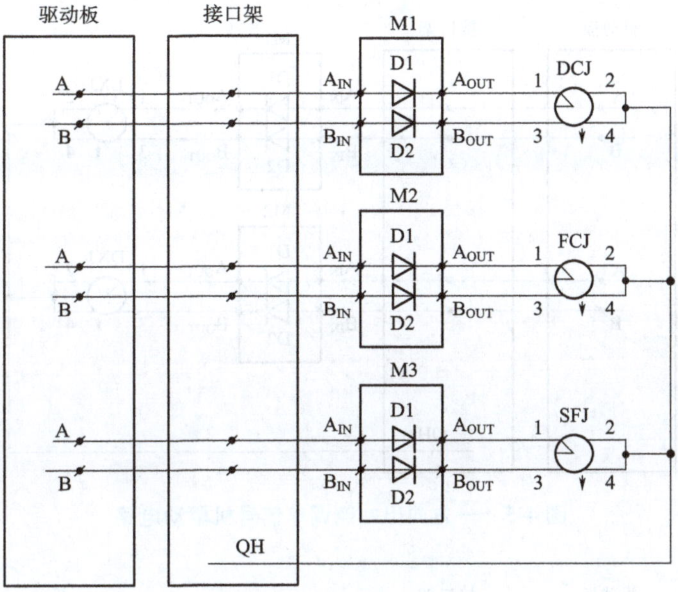

图 4-3　道岔驱动电路

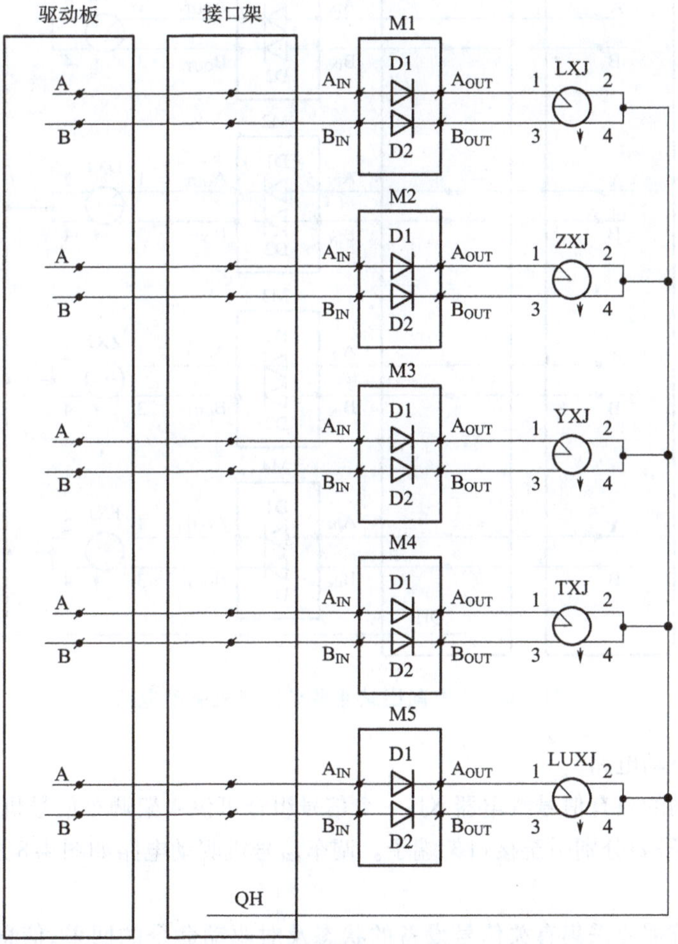

图 4-4　进站信号机驱动电路

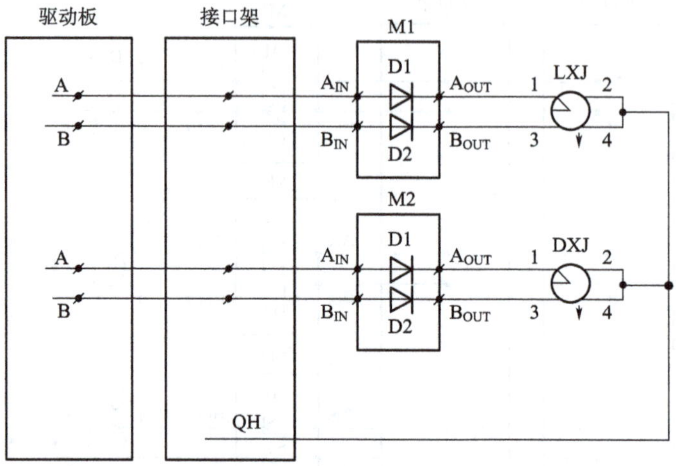

图 4-5　一方向出站兼调车信号机驱动电路

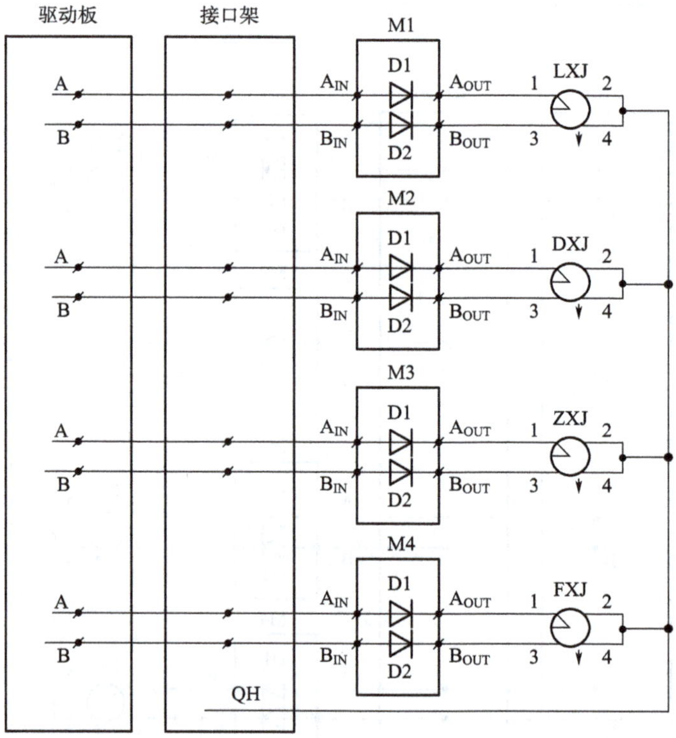

图 4-6　二方向出站兼调车信号机驱动电路

③调车信号机驱动电路

调车信号机驱动的只有信号继电器 XJ,一个信号组合可供 4 架调车信号机用,各调车信号机的驱动点为不同的端子,要分别引至接口架端子。调车信号机驱动电路如图 4-8 所示。

4. 采集电路

计算机联锁系统需要采集有关信号设备的状态及对驱动命令的回采,信息采集是通过继电器接点经接口柜接至计算机联锁系统的采集板实现的。

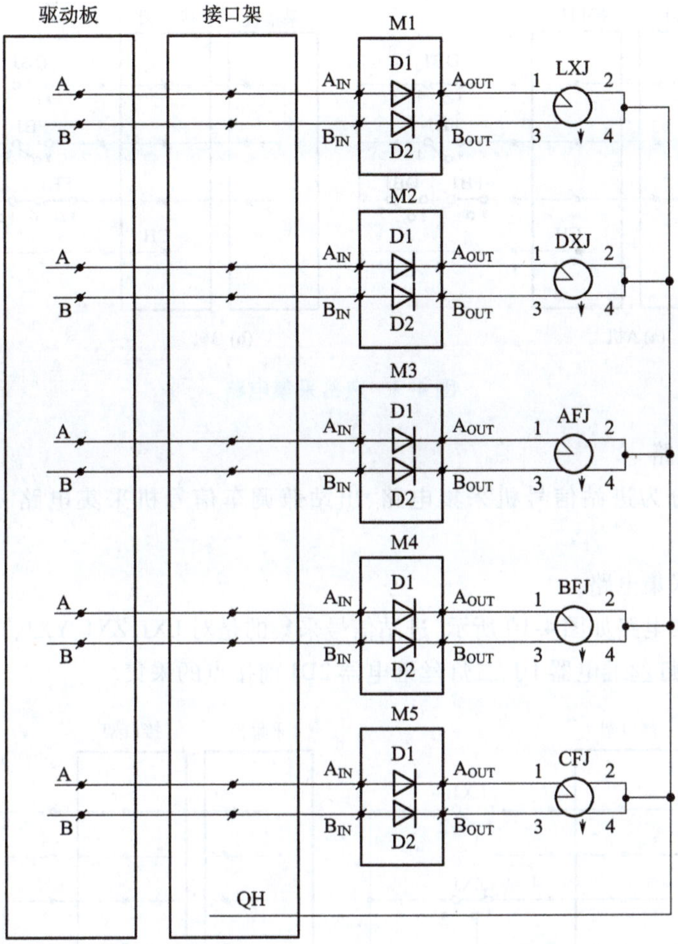

图 4-7　三方向出站兼调车信号机驱动电路

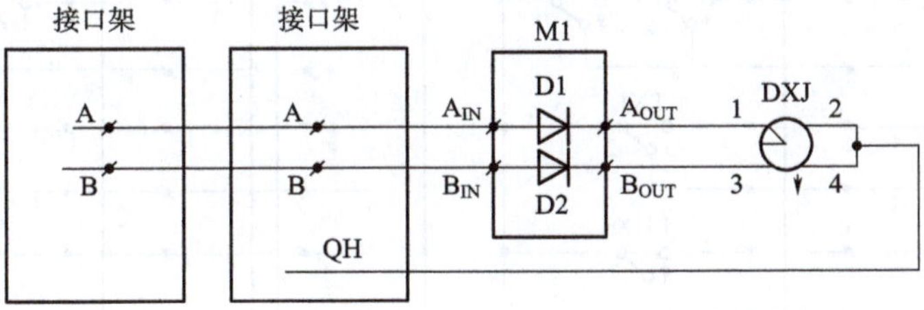

图 4-8　调车信号机驱动电路

采集电路包括道岔采集电路、信号采集电路、轨道电路采集电路及零散采集电路等。

(1)道岔采集电路

道岔开通位置状态信息采集，包括了对道岔开通定位状态时的 DBJ 吸起接点，道岔开通反位状态时的 FBJ 吸起接点，以及道岔在四开状态时的 DBJ、FBJ 的落下接点进行的采集。道岔采集电路如图 4-9 所示。

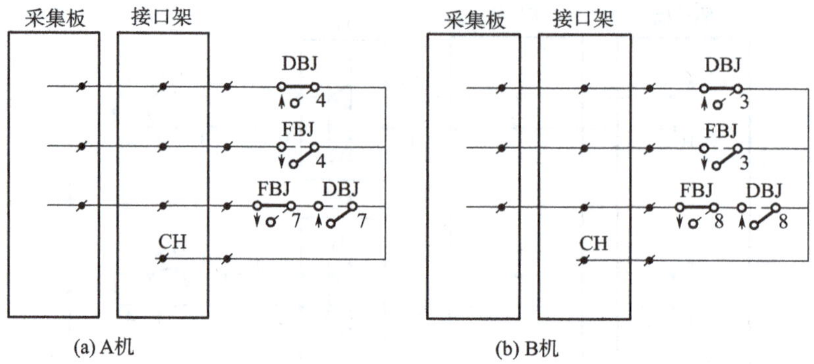

图 4-9　道岔采集电路

(2)信号采集电路

信号采集电路分为进站信号机采集电路、出站兼调车信号机采集电路、调车信号机采集电路等。

①进站信号机采集电路

进站信号机采集电路如图4-10所示,进站信号采集的是对LXJ、ZXJ、YXJ、TXJ和LUXJ的前、后接点的采集,以及对灯丝继电器DJ、二灯丝继电器2DJ前接点的采集。

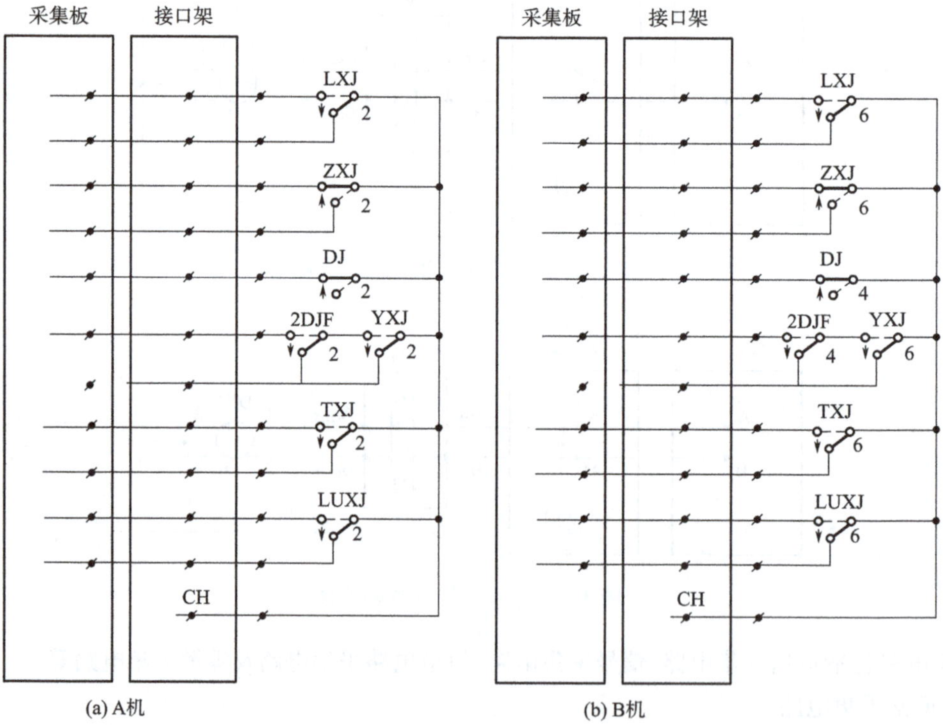

图 4-10　进站信号机采集电路

②出站兼调车信号机采集电路

出站兼调车信号机采集电路分一方向、二方向、多方向出站的不同情况。

一方向出站兼调车信号机，采集 LXJ、DXJ 的前、后接点及灯丝继电器 DJ 的前接点，其采集电路如图 4-11 所示。

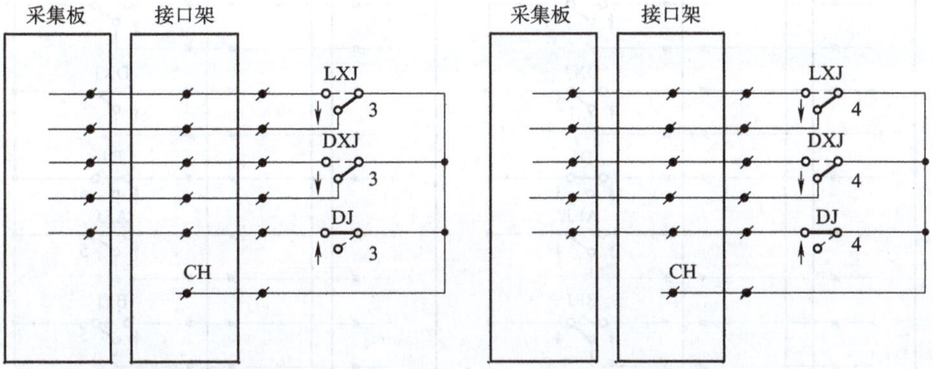

（a）A机　　（b）B机

图 4-11　一方向出站兼调车信号机采集电路

二方向出站兼调车信号机，除采集 LXJ、DXJ 的前、后接点及 DJ 的前接点外，还采集了 ZXJ 和 FXJ 的前、后接点，其电路如图 4-12 所示。

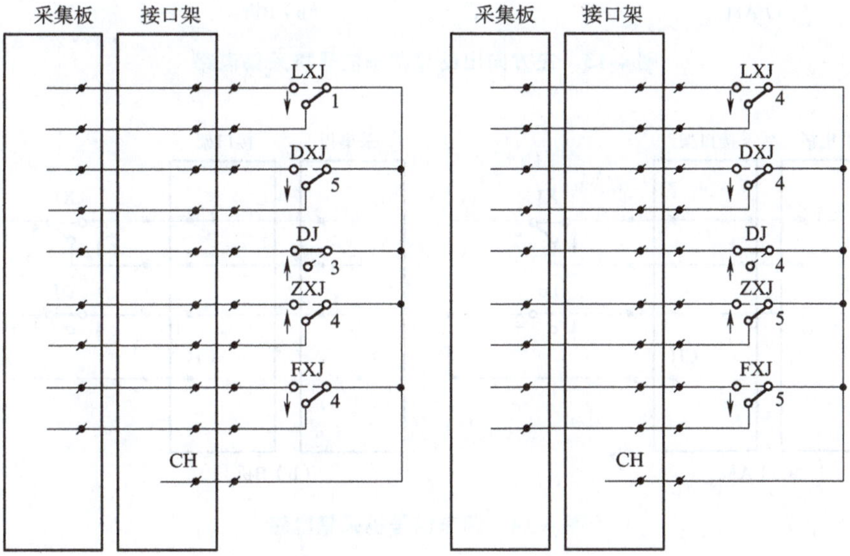

（a）A机　　（b）B机

图 4-12　二方向出站兼调车信号机采集电路

多方向出站兼调车信号机，除采集 LXJ、DXJ 的前、后接点及 DJ 的前接点外，还要采集 FJ 的前、后接点，如图 4-13 所示。举例站场的上行出站为三方向，故图 4-13 中采集的是 AFJ、BFJ、CFJ 的前、后接点。

③调车信号机采集电路

调车信号机采集电路如图 4-14 所示，需要采集 XJ 的前、后接点和 DJ 的前接点。因一个调车信号组合可供 4 架调车信号机用，故各调车信号机采集点分别占用不同端子。

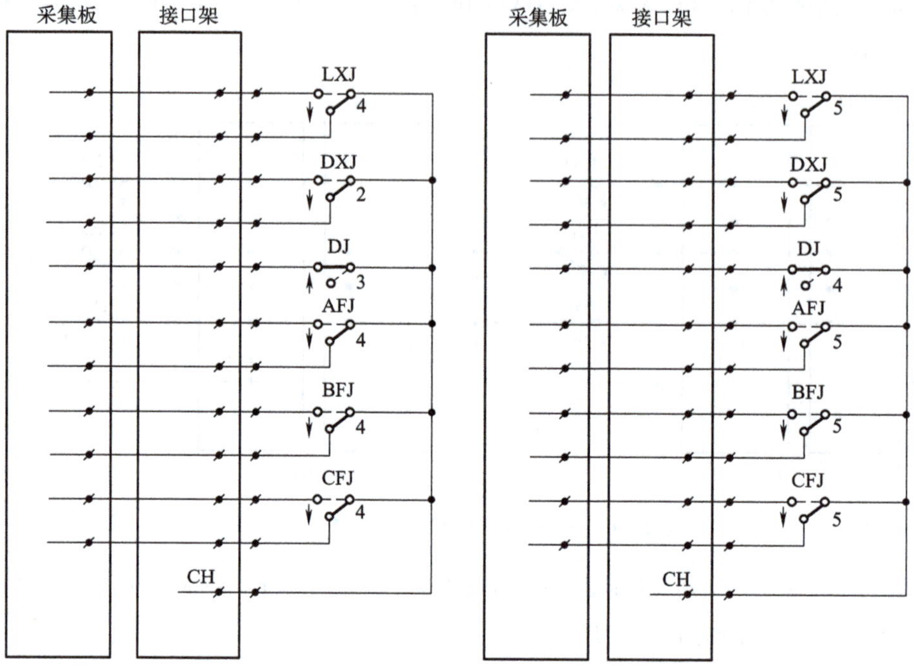

（a）A机　　（b）B机

图 4-13　三方向出站兼调车信号机采集电路

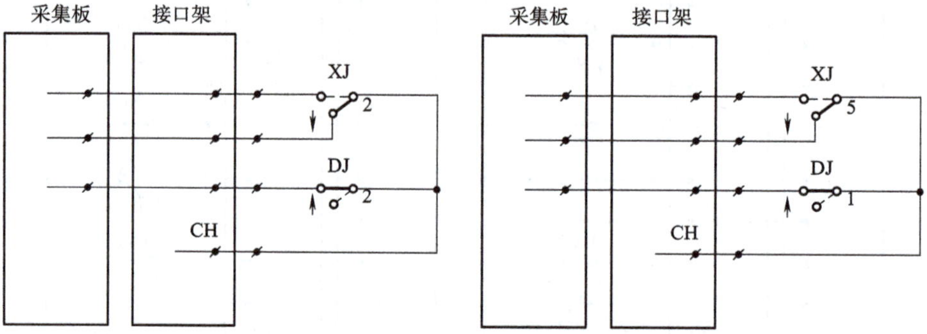

（a）A机　　（b）B机

图 4-14　调车信号机采集电路

（3）轨道采集电路

当轨道电路采用的是25 Hz 相敏轨道电路时，计算机联锁系统采集的是各个区段轨道继电器的复示继电器 GJF 前、后接点，如图 4-15 所示。

（二）信息表

信息表由构成联锁关系所必须的表示信息和控制命令组成，是根据软件要求按照一定的顺序排列的。通过信息表确定表示信息和控制命令输出端子的位置，作为设计时的依据。

计算机联锁系统需要采集的表示信息和控制命令信息包括道岔、信号机、轨道电路、区间闭塞等信号设备信息及主、副电源信息、灯丝断丝报警信息、熔丝断丝报警信息、联锁机切换信息、地线检查信息等。

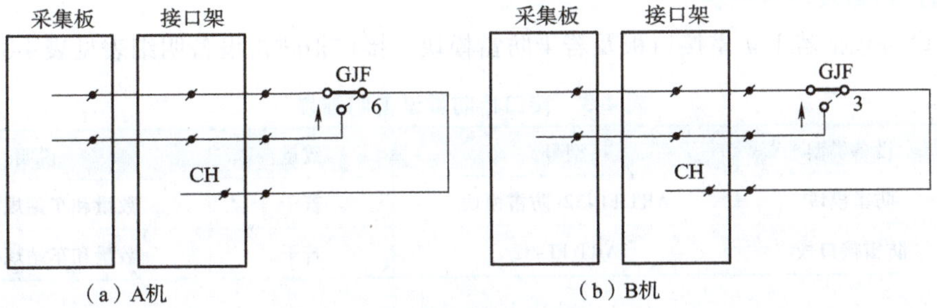

图 4-15 轨道采集电路

TYJL-Ⅲ型计算机联锁系统的表示信息采集和控制命令驱动输出是由智能 I/O 模块负责的，安全智能 I/O 模块包括安全智能采集模块和安全智能驱动模块。安全智能采集模块为 32 路采集模块；安全智能驱动模块为 16 路驱动模块。

采集信息和控制命令以字节为单位排列，即 8 的倍数，每一种信息排列应留有一定的余量，一般应留有两位以上，如果少于两位，可以多空一个字节。

表示信息和控制命令信息的合理排列，有利于信息的安全编码，在有可能的情况下，应使表示和控制的顺序与之对应，这样不但利于查找和核对，而且可以减少系统的数据工作量。

(三)接口柜的组成及作用

接口柜有两个作用，一个作用是实现信号电缆和继电器线包驱动线、接点采集线的交接；另一个作用用于安装信号线一级防雷器件。

1. 信号电缆线

接口柜防雷接口板 IO 插座接至联锁柜 IO 机箱 IO 插座。采集驱动计算机部分电缆连接表见表 4-1。

表 4-1 采集驱动计算机部分电缆连接表

功能	联锁柜	连接线	接口柜
采集	采集机箱 IO 插座	电缆 RVVZR 34 ×0.2	采集防雷接口板 IO 插座
单断驱动	驱动机箱 IO 插座	电缆 RVVZR 18 ×0.2	驱动防雷接口板 IO 插座
双断驱动	驱动机箱 IO 插座	电缆 RVVZR 34 ×0.2	驱动防雷接口板 IO 插座

2. 继电器驱动、采集线

根据工程设计图纸，IO 插座背面连接继电器线包驱动线、继电器接点采集线至组合柜侧面端子。采集驱动结合电路电缆连接表见表 4-2。

表 4-2 采集驱动结合电路电缆连接表

功能	接口柜	连接线	组合柜
采集线	IO 插座背面	多股线	侧面端子
驱动线	IO 插座背面	多股线	侧面端子

3. 防雷接口板及防雷模块

接口柜设备包括若干防雷接口板及若干防雷模块。接口柜防雷设备明细表见表4-3。

表4-3 接口柜防雷设备明细表

序号	设备类型	型号	数量	说明
1	防雷模块	ART FL-32-防雷模块	若干	数量和车站规模相关
2	防雷接口板	ART FL-32	若干	数量和车站规模相关

防雷接口板前视图如图4-16所示。防雷接口板防雷插座用于安装防雷模块,防雷接口板IO插座正面用于插接信号电缆插头;防雷接口板IO插座背面用于焊接继电器线包驱动线、继电器接点采集线;防雷接口板接地端子用于连接防雷地。防雷接口板-24 V端子用于连接CH(采集回线),用来检测QH(驱动回线)是否连接到防雷接口板。指示灯用于指示QH是否和防雷接口板的地线连接到一起。平时巡视时要检查每块防雷接口板上的指示灯要处于点亮状态。

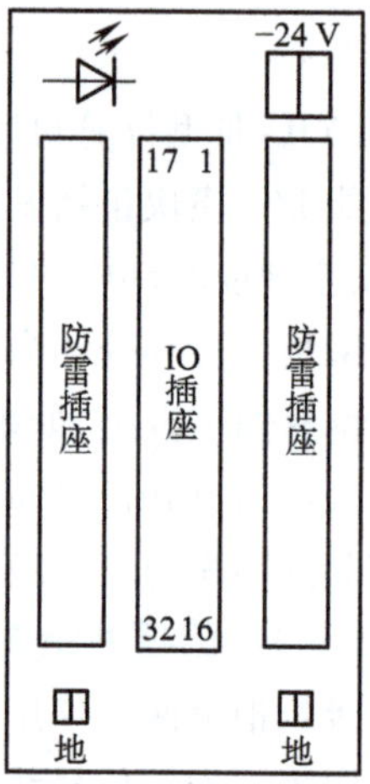

图4-16 防雷接口板前视图

4. -24 V线

依次串接所有防雷接口板-24 V端子后,接入接口柜CH(采集回线)汇流排。采集驱动回线连接表见表4-4。

5. 接地

依次串接所有防雷接口板接地端子后,接入接口柜接地点。图4-17为防雷接口板-24 V端子和地线连接示意图。计算机联锁地线连接见表4-5。

表4-4 采集驱动回线连接表

功能	接口柜	连接线	接口柜	…	接口柜
-24 V	CH汇流排	4 mm^2黑色多股线	防雷接口板1 -24 V端子	4 mm^2黑色多股线依次串接所有防雷接口板-24 V端子	防雷接口板n -24 V端子

表4-5 计算机联锁地线连接表

功能	接口柜	连接线	接口柜	…	接口柜
地线	接地点	两根4 mm^2黄绿多股线	防雷接口板1接地端子	两根4 mm^2黄绿多股线依次串接所有防雷接口板接地端子	防雷接口板n接地端子

接口柜接地点连接至综合机柜的地线汇流排。接口架接地线与综合柜汇流排连接见表4-6。

表4-6 接口架接地线与综合柜汇流排连接表

功能	接口柜	连接线	综合柜
地线	接地点	6 mm^2黄绿多股线	地线汇流排

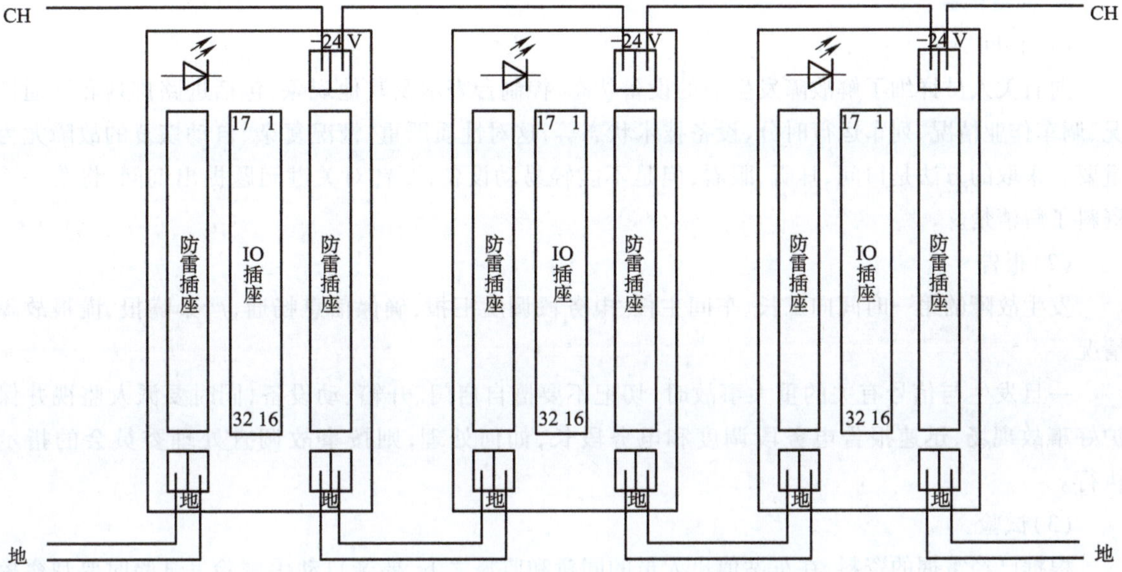

图 4-17 防雷接口板 -24 V 端子和地线连接示意图

作业

1. 排列一条 X 进站信号机至Ⅲ道的接车进路时，简述该进路上有关道岔、信号机、轨道电路等信号设备的信息表位置；采集表示灯和驱动板表示灯状态；有关继电器的组合位置及继电器的工作状态。

2. 简述计算机联锁系统设备之间的联系。

3. 简述计算机联锁系统设备电源供电的要求。

故障案例

车站计算机联锁的接口系统设备故障最易发生在继电器结合电路部分，包括道岔控制电路、信号点灯电路等。下面分别以 ZD6 系列电动转辙机、ZY(J)7 型电液转辙机、站内信号机等设备，就各设备典型电气故障案例进行分析与示例实践。

(一)信号设备故障处理基本程序

基本工作要点：接到故障通知后，信号维修人员必须尽快赶赴现场。故障处理应遵循："了解情况→登记→检查试验→故障处理→复查试验→销记→汇报"的程序进行。

1. 设备故障受理

在接到故障通知后，信号维修人员应向车站值班人员了解故障情况(包括：故障现象、发生时间、地点等)，初步判断故障原因，并尽快赶赴现场，做好故障处理准备工作。

2. 登记

在"行车设备检查登记簿"内填写到达时间并签名。信号设备故障处理，按《普速铁路信号维护规则 技术标准》的有关规定办理登记或停用手续，明确设备停用范围、停用时间和车务部门需注意的事项。

3. 检查试验

(1)询问

向有关人员详细了解故障发生后的设备状态、控制台表示及其他现象，包括进路排列和开通情况、调车作业情况、列车运行时分、设备技术状态等，这对性质严重、情况复杂、自动恢复的故障尤为重要。采取的方法是口问、耳听、眼看，但是不能轻易动设备，要针对关键问题提出询问，将第一手资料了解清楚。

(2)报告

发生故障的第一时间向工长、车间主任、电务段调度汇报，确保信息畅通，严禁瞒报、谎报故障情况。

一旦发生与信号有关的重大事故时，切记不要擅自启门、开箱、动设备，同时要派人监视并保护好事故现场，迅速报告电务段调度和电务段长，如何处理，则按事故调查处理委员会的指示执行。

(3)试验

根据已经掌握的资料，在车站值班人员的同意和监督之下，要亲自动手试验。试验时要观察控制台上有关电流表、表示灯、故障报警及其他设备的变化情况，核对故障现象与车站值班人员反映的情况是否吻合，是否有新情况。如果故障仍然存在，通过试验力求缩小故障范围，便于判断故障部位，尽快处理。如果故障已经不存在，不是故障自动恢复，便是车站办理上有问题。无论哪种情况，都要将试验结果记入“行车设备检查登记簿”内，信号、车站双方签认，然后继续观察和检查设备。

对时好时坏或一时不能修复的设备故障，应办理停用登记手续，并向上级报告。

4. 故障处理

(1)分析、判断

对了解、询问、试验所获得的第一手资料，进行综合分析，对故障原因和范围做出符合客观实际的大致判断，即判断是电气故障还是机械故障；是断线还是混线；故障是在室外还是在室内。这一步是处理故障的关键。分析、判断故障正确与否，对排除故障的快慢影响极大，因此，必须力求准确。

在对故障没有进行了解、询问、试验、分析、判断以前，决不可乱动设备。

(2)查找

根据判断出的大致范围，运用各种不同的处理方法，迅速查找出故障的真正原因。要求做到：

①动作迅速、准确、尽量不使故障自动恢复。

②区分故障是在室内还是室外，通过在分线盘的测试、分析，迅速判断故障范围。因为室内或室外一般相距较远，如果判断失误，徒劳往返，不但劳而无功，更重要的是延误了故障处理的时机，影响了行车。

③正确运用仪器、仪表和监控、监测手段查找故障。对复杂的故障可用多种方法查找，将真正原因找到。

④对原因不明自动恢复的故障，要将发生故障的可能性进行彻底检查。不但要检查静态时的性能，更要检查动态时的性能。经过检查确认信号设备没有问题，则要考虑外单位、外界的影响。有些故障也可能是两个因素同时产生造成的。在没有查出原因之前，信号人员不要擅自离开现场。

⑤要积极利用信号集中监测等监测信息来分析、判断、查找故障原因。

(3)处理

处理方法得当。严禁代替行车人员办理闭塞、转换道岔(或遵守相关规定)、开放信号,绝不能因小失大,避免发生行车事故而违章作业造成人为重大事故的情况。

对涉及外单位影响的故障,找到原因也不要自行处理,要与影响的责任单位联系,要通知有关单位联合检查确认后共同处理。为了减少对行车的影响,急于修复时,可在有关单位的委托下,会同车站值班人员或有关人员一起处理,并在"行车设备检查登记簿"内登记,信号和车站双方共同签认,要采用照相等方式留好证据。

处理时要保存好故障实物,如断路器、灯泡、线头、线圈、引接线、电阻、电容和晶体管等,以便于故障的分析。

5. 复查试验

故障排除后,使设备恢复正常状态,对涉及故障有关的设备,经复查并会同车站值班人员试验确认良好后,才能交付使用,绝不能没有经过试验盲目同意车站使用。影响联锁关系时,必须试验彻底,并填写好故障设备联锁试验资料。

6. 销记汇报

销记时要填写故障修复时间和故障原因,由信号和车站双方签字,要及时将故障发生的情况和处理结果如实向上级报告。

7. 汲取教训

根据"三不放过"的要求及时进行分析,汲取经验教训,制订防范措施。

(二)ZD6 系列电动转辙机四线制道岔控制电路故障处理

1. 道岔的常见故障分析处理方法

道岔出现故障后,应首先根据故障现象分析都有哪些地方出现故障才能出现这种现象。其次,应先在室外分线盘处测量电源送没送出去(启动电路必须在操动道岔的同时测量,只有在操动道岔时才向外送直流 220 V 电)。如果分线盘处能测量到电压,则电源送出去了;否则,是室内故障。

(1)了解故障情况。首先询问车站值班员故障现象,然后在控制台上操纵道岔试验。

(2)登记停用设备。

(3)判断是室内原因还是室外的原因。

①如果是单动道岔,在操纵时控制台的电流表有指示,说明动作道岔的电已送至道岔。如果这时道岔不能操纵到规定位置,则是室外原因。在操动道岔时,如果控制台的电流表没有指示,首先到机械室的室外分线盘测量该道岔有没有电压,如果有电压,说明动作道岔的电已送出,是室外故障。

②如果是双动道岔,在操纵时控制台的电流表动一下就不动了,说明动作道岔的电已送到了一动道岔,故障出在一动道岔以后,是室外故障。

③如果道岔定、反位都能操纵,就是没有表示。用万用表交流 250 V 挡,在分线盘测量 X1(或 X2)与 X3 间有无交流 110 V 左右电压,如果有电压,则是室外故障,否则是室内故障。

2. 区分道岔控制电路故障

道岔的室内电路，分为表示电路和启动电路两部分。启动电路采用三级控制电路，故障现象较为单一。

（1）表示电路故障

12. 表示电路故障案例分析

故障现象：控制台道岔位置表示灯熄灭，控制台挤岔红灯点亮，挤岔报警电铃鸣响。

故障分析：在道岔失去表示时，在分线盘测试，定位时测 X1（+）、X3（−），反位时测 X3（+）、X2（−），若有交流 110 V 电压，则为室外开路故障；若无交流 110 V 电压，则为室外短路或室内故障。

（2）启动电路故障

①电压法

13. 启动电路故障案例分析

道岔启动电源是在 1DQJ 吸起、2DQJ 转极的瞬间送出的，在分线盘上测试判断，应先做好准备工作，将万用表挡置于直流 250 V 挡。当操纵道岔由定位转向反位时，测 X2（+）与 X4（−）；当道岔由反位转向定位时，测 X1（+）与 X4（−）。若表针有较大幅度摆动，则说明道岔室外启动电路故障，否则为室内控制电路故障或室外短路故障。

②电阻法

若启动电路发生故障，不能操纵道岔，在分线盘处即可以直接区分室内外故障，具体方法如下：

a. 将万用表置于 $R\times1$ 电阻挡。

b. 将故障道岔实施单独锁闭，防止因误操纵道岔烧坏万用表或启动断路器。

c. 在分线盘测 X2、X4（定位转反位时不启动）或 X1、X4（反位转定位时不启动）。

（a）若电阻值为 30 Ω 左右（此数值为电缆回线电阻、电动机的定子和转子电阻之和，其中电缆回路电阻视其距信号楼的远近而有一定变化，电动机定子电阻约为 6 Ω，转子电阻约为 5 Ω），则说明室外正常，室内故障。

（b）若电阻值为无穷大，则说明室外断线故障。

注意：用此方法时，应在控制台上将故障的道岔单独实施锁闭，并与车站值班员联系好，严禁在此过程中操纵道岔。

(3)确定道岔控制电路的故障范围

14. 确定道岔控制电路的故障范围判断方法

道岔控制电路分为三级。单独操纵或进路式操纵时,1DQJ 吸起,2DQJ 转极,动作室外电路,转换道岔。哪一级电路故障,在控制台上较容易判断。

假设道岔原在定位,在室内单独操纵道岔:

①若道岔定位表示绿灯不灭,则说明 1DQJ 不吸起。

②若道岔定位表示绿灯灭,但松开单独操纵按钮后又恢复定位表示,则说明 1DQJ 吸起,2DQJ 没转极。

③若定位表示绿灯熄灭,松开单独操纵按钮后不恢复定位表示,但控制台电流表不动作,说明 1DQJ 吸起,2DQJ 转极,启动电路断开。

④若定位表示绿灯熄灭,松开单独操纵按钮后不恢复定位表示,但控制台电流表的读数为 3 A 左右,下降为 1 A 左右后又上升为 2.8 A 左右,说明 1DQJ 吸起,2DQJ 转极,启动电路正常接通,但是道岔不能转换到底。

在分线盘上进行测试,可以确定道岔的故障范围,具体方法如下:

①道岔表示正常时,测得交流电压 70 V 左右,直流电压 60 V 左右(视道岔距继电器室的距离),其数值略有变化。

②若测得约 2 V 交流电压,无直流电压,则可能是二极管击穿(交流 2 V 电压为电缆线路压降)。

③若测得交流接近于 0 V 电压,无直流电压,则可能是室外发生了短路故障。

④若测得交流 110 V 左右电压,无直流电压,则说明是室外发生了断线故障。

⑤若测得的交流与直流均为 0 V,则说明是室内断线。

⑥若测得有直流 150 V 左右、交流 160 V 左右的电压,则说明表示继电器或有关连线断(此时测得的是电容器被充电后的峰值电压)。

⑦若测得有交流 10 V 左右、直流 8 V 左右的电压,则说明电容器断线。

⑧若测得有交流 55 V 左右、直流 45 V 左右电压,则说明电容器短路。

3. 启动电路故障案例分析

【案例 1】 27 号道岔单操操不动

15. 启动电路故障案例分析——案例 1

故障现象:控制台单操时,27 号道岔指示无改变,继电器组合无动作。

故障分析:27 号道岔 1DQJ 不励磁。励磁电路轨道条件接点开路。

【案例 2】 27 号道岔单操操不动

故障现象:控制台单操后,27 号道岔指示为红闪,报警处于四开状态。

故障分析:六线制道岔,2DQJ 转极落下,2DQJF 不转极还是吸起。$2DQJ_{112\text{-}113}$ 短路。

【案例 3】 16 号道岔单操操不动

16. 启动电路故障案例分析——案例 3

故障现象:控制台单操后,16 号道岔指示为红闪,报警处于四开状态。

故障分析:炭刷接触不良。

★**常用的故障查找方法**(设室外道岔处于定位状态)

①反位电压法

17. 常用查找故障的方法:反位电压法

查找启动电路故障常用的方法是反位电压法。所谓反位电压法,即是当启动电路发生故障时,人为地将室内 2DQJ 的位置置于与室外道岔实际位置相反的位置上,借用表示电源查找启动电路故障的一种方法。

道岔表示正常时,2DQJ 定位吸起位置对应道岔在定位,2DQJ 反位打落位置对应道岔在反位。

处理启动电路断路故障,利用反位电压法时,2DQJ 定位吸起位置对应道岔在反位;2DQJ 反位打落位置对应道岔在定位。

②断路故障的查找

设定道岔由定位转换至反位。

a. 万用表置于直流 250 V 挡位,在室内操纵道岔,在 1DQJ 吸起、2DQJ 转极的瞬间,在电缆盒 2、5 端子测量。

18. 四线制断路故障的查找

(a)有电压,说明转辙机内部断路。

(b)无电压,说明室内启动电压未送出(因室外短路造成室内熔断器熔断情况除外),其现象在前面已经讲述。

注意:此启动电压是在2DQJ转极时瞬间送出的,若要再次测量,需由室内配合,将道岔操纵至定位后,再次操纵向反位方可,否则,启动电压无法送出。

b. 电缆盒至转辙机内部启动电路断线查找方法。

19. 电缆盒至转辙机内部启动电路断线查找方法

(a)要求室内将道岔操纵到并保留在反位位置,使表示电源能送到X2上,将表示电源引入启动电路中。

(b)将万用表置于交流250 V挡位,一表笔固定于X3(借用表示电源),另一表笔沿启动电路逐点测量。

(c)电压从有到无之间为故障点。

注意:

(a)用反位电压法,要与室内核对准确室内2DQJ与室外道岔的实际位置相反,方能借用表示电源。处理完毕后,一定要恢复2DQJ与道岔实际位置相一致。

(b)断路点两点之间不能测到开路电压。

(c)应注意合上安全接点,并严禁室内操纵道岔。

(d)站在电机端看,电机接线端子3接至电机右侧的炭刷,端子4接左侧炭刷。

启动电路故障,一般是在操纵道岔过程中发生的,室外道岔很可能在四开位置,形成既无表示,又不能启动且道岔不能操纵到原位的现象。此时,不要去分析共性问题,首先应按程序确定道岔启动电路故障是在室内还是在室外。

4. 表示电路故障分析

【案例1】 办理进路后,27号道岔原有定位表示,转换至反位后四开状态

20. 表示电路故障案例分析——案例1

故障现象:办理进路后,27号道岔指示红闪,报警处于四开状态。

故障分析:定位有表示,操反位无表示,$2DQJ_{133}$断路。

【案例 2】 18/20 号道岔定、反位均无表示

21. 表示电路故障案例分析——案例 2

故障现象:单操后,18/20 号道岔指示红闪,报警处于四开状态。

故障分析:道岔的正常表示电压;交流为 70 V 左右,直流为 60 V 左右,二极管接反。

【案例 3】 16 号道岔定、反位均无表示

22. 表示电路故障案例分析——案例 3

故障现象:单操后,16 号道岔指示红闪,电机有动作,报警处于四开状态。

故障分析:道岔定、反位都无表示,定、反位操纵正常,X3 断。

★四种常见的故障分析

(1)断路故障分析

以室内电源能正常送出,道岔处于定位状态为例。

在电缆盒 1、3 端子上测量:

①若有交流 110 V 电压,说明电缆盒至电动转辙机内部断线。查找方法如下:

a. 在室内操纵道岔,并将道岔放在无表示的位置上。

b. 将万用表置于交流 250 V 挡位,一表笔固定在 X3 上,另一表笔从 X1 开始,沿表示电路逐点测量,电压从有到无之间为故障点。

c. 用万用表确认断路两点之间有低于 110V 的电压。

注意:

a. 要与室内联系,确认室内 2DQJ 位置与室外道岔的实际开通位置相一致。

b. 测试点在 X1 至二极管之间,测到的是 110 V 开路表示电压。测量点越过二极管后,相当于万用表串接于表示电路之中,所测电压会有所降低,属于正常现象,如图 4-18 所示。

②若无交流 110 V 电压,应断开插接器。

a. 出现交流 110 V 电压,电动转辙机内部短路。

b. 不出现交流 110 V 电压,说明室内或电缆故障(短路或断路)。

c. 查到故障点之后,要用万用表确认所查故障点之间有电压。

d. 若查到移位接触器断开,应先检查主挤切销是否切断,忌盲目短接移位接触器接点。

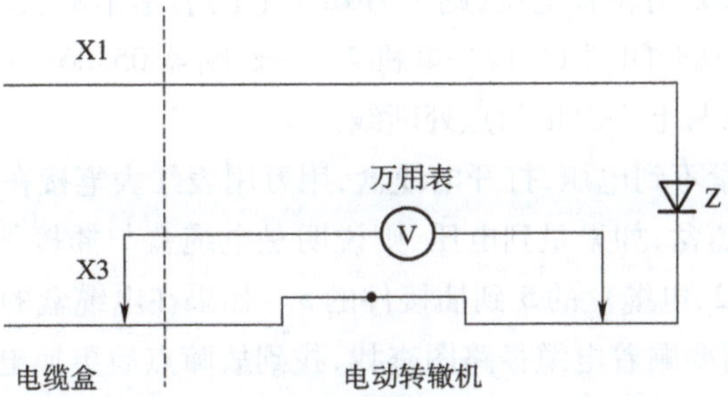

图4-18　道岔表示电路断路故障分析

△典型案例

(a)X1断

23. 道岔表示电路断路案例1

故障现象:道岔反位无表示,反位向定位操纵不动。

处理方法:首先判定是室内故障还是室外故障,如果是室外故障,则应马上到出现故障的道岔处。打开转辙机盖,在插接件上用万用表DC 250 V挡,红表笔接1号端子,黑表笔接5号端子。接好后让室内操纵道岔。如果万用表有电压,则1号端子上的表笔不动,将万用表调整到欧姆挡X1挡,用另一根表笔量自动开闭器41-42—电机1-3—遮断器05-06—插接件5。如果量到哪处万用表指针不动,则说明该点与上一次量的点处断线。

如果在插接件1-5上量不到电压,打开电缆盒,用万用表红表笔接在1上黑表笔接在5上(仍用DC 250 V挡)让室内操纵道岔如果量到电压,则说明是电缆盒与插接件之间断线。用欧姆挡分别量电缆盒的1到插接件的1,电缆盒的5到插接件的5。

如果在电缆盒的1-5上量不到电压,则说明是电缆盒到室内间断线,需要顺着电缆径路图查找,找到故障点后更换电缆芯线。

(b)X2断

24. 道岔表示电路断路案例2

故障现象:道岔定位无表示,定位向反位操纵不动。

处理方法:首先判定是室内故障还是室外故障,如果是室外故障,则应马上到出现故障的道岔处。打开转辙机盖,在插接件上用万用表DC 250 V挡,红表笔接2号端子,黑表笔接5号端子。接好后让室内操纵道岔,如果万用表有电压,则 1 号端子上的表笔不动,将万用表调整到欧姆挡乘以 10 挡。用另一根表笔量自动开闭器 11-12—电机 2-3—遮断器 05-06—插接件 5。如果量到哪处万用表指针不动,则说明该点与上一次量的点处断线。

如果在插接件 2-5 上量不到电压,打开电缆盒,用万用表红表笔接在 2 上黑表笔接在 5 上(仍用 DC 250 V 挡)让室内操纵道岔,如果量到电压,则说明是电缆盒与插接件之间断线。用欧姆挡分别量电缆盒的 2 到插接件的 2,电缆盒的 5 到插接件的 5。如果在电缆盒的 2-5 上量不到电压,则说明是电缆盒到室内间断线,需要顺着电缆径路图查找,找到故障点后更换电缆芯线。

(c) X3 断

25. 道岔表示电路断路案例 3

故障现象:道岔定、反位都无表示,定、反位操纵正常。

处理方法:首先判定是室内故障还是室外故障,如果是室外故障,则应马上到出现故障的道岔处。打开转辙机盖,在插接件上用万用表 AC 250 V 挡,红表笔接 1 号端子,黑表笔接 3 号端子(此时道岔应在定位,在反位时接 2-3)。接好后如果万用表有电压(100 V 左右),则 1 号端子上的表笔不动,用另一根表笔量移位接触器 04-03—自动开闭器 14-13—34-33—插接件 9-12—11-7—自动开闭器 32-31—41-42,如果量到哪处万用表指针不动,则说明该点与上一次量的点处断线。如果在插接件 2-3 上量不到电压,打开电缆盒,用万用表红表笔接在 2 上,黑表笔接在 3 上(仍用 AC 250 V 挡),如果量到电压,则说明是电缆盒与插接件之间断线。如果在电缆盒的 2-3 上量不到电压,则说明是电缆盒到室内间断线,需要顺着电缆径路图查找,找到故障点后更换电缆芯线。

(d) X4 断

26. 道岔表示电路断路案例 4

故障现象:道岔表示正常,定位、反位都操纵不动。

处理方法:首先判定是室内故障还是室外故障,如果是室外故障,则应马上到出现故障的道岔处。打开转辙机盖,在插接件上用万用表 DC 250 V 挡,红表笔接 2 号端子,黑表笔接 5 号端子(此时道岔在定位)。接好后让室内操纵道岔,如果万用表有电压,则 1 号端子上的表笔不动,将万用表调整到欧姆挡乘以 10 挡。用另一根表笔量自动开闭器 11-12—电机 2-3—遮断器 05-06—插接件 5。如果量到哪处万用表指针不动,则说明该点与上一次量的点处断线。如果在插接件 2-5 上量不到电压,打开电缆盒,用万用表红表笔接在 2 上,黑表笔接在 5 上(仍用 DC 250 V 挡),让室内操纵道岔。如果量到电压,则说明是电缆盒与插接件之间断线。用欧姆挡量电缆盒的 5 到插接件的 5。如果在电缆盒的2-5上量不到电压,则说明是电缆盒到室内间断线,需要顺着电缆径路图查找,找到故障点后更换电缆芯线。

(2)短路故障分析

室内表示电路中串接750 Ω电阻及表示继电器,所以,室外短路不会烧断0.5 A表示熔断器RD4。下面的分析,仅限于电缆盒至转辙机内部的故障。

在电缆盒1、3端子上测量,将万用表置于交流250 V挡位,并固定不动。

①断开插接器

a. 出现交流110 V电压,说明转辙机内部短路。

b. 不出现交流110 V电压,说明电缆或电缆盒至插接器的导线或插接器或插头(或插座)1、3端子之间短路,用甩线法判断故障点。

②插好插接器,断开自动开闭器41

a. 出现交流110 V电压,说明X1至自动开闭器41间与X3无短路。

b. 不出现交流110 V电压,说明X1至自动开闭器41间与X3存在短路。

③断开自动开闭器31-32接点

a. 出现交流110 V电压,说明X1至自动开闭器31与X3之间无短路。

b. 不出现交流110 V电压,说明自动开闭器41至31之间与X3存在短路。

④断开移位接触器03-04

a. 出现交流110 V电压,说明X3至移位接触器04间与X1之间无短路。

b. 不出现交流110 V电压,说明X3至移位接触器04间与X1之间存在短路。

⑤断开自动开闭器33-34接点

a. 出现交流110 V电压,说明自动开闭器13至34间与X1不存在短路。

b. 不出现交流110 V电压,说明自动开闭器13至34间与X1存在短路。

经上述判断之后,若现象为③中a.与⑤中a.,则说明定、反位表示电路的共用部分出现了短路,用上述方法已不能区分,应采用下列方法做进一步判断:

- 断开插接器。
- 将万用表置于电阻挡位R×1 k或R×10 k。
- 分别测量插接器插头的7与8、插接器插座的8与10、7与9、11与12、7与8、9与10之间,判断是否接通。接通之两点,即为短路点。

注意:

- 上述现象,仅适用于常规的短路故障,若存在双端接地等问题时,不一定能查出。因为断开插接器后,已将表示电路断成了几个部分。
- 上述方法不适用于错线故障的查找。对于错线故障,应当另行分析。
- 当用电阻挡测量插座的11与12时,若阻值较小,则应交换表笔极性后再测量。若阻值仍然较小,说明二极管不良;若阻值大,说明二极管单向导电性能良好。

(3)道岔室外控制电路混线故障分析

道岔发生室外故障,故障点的不同,表现在控制台上的现象也各有不同,有些故障现象较为特殊。在此,以四线制道岔控制电路,自动开闭器1、3闭合为例,对室外设备的混线故障进行分析。

①X1 与 X2 相混

故障现象:由定位转向反位时,道岔启动后烧断反位 DF220 的熔断器 RD2,道岔停在四开位置,无表示。

分析判断:X1 与 X2 相混,当转辙机启动后,自动开闭器第 4 排接点闭合,X1 的 DZ220 电源经自动开闭器接点 41-42 接到电动机 1 端子,此时,X2 的 DZ220 电源经自动开闭器接点 11-12 接到电动机 2 端子的电路尚未断开,因电流过大,造成 RD2 熔断。

②X1 与 X3 相混

故障现象:道岔原在定位,无位置表示,向反位操纵后,道岔能转换完毕,但在反位密贴处来回窜动,无位置表示。

分析判断:道岔转换完毕,断开自动开闭器第 1 排、第 3 排接点,接通第 2 排、第 4 排接点,但 1DQJ 缓放,启动电路尚未断开,于是 DZ220 电源经 11—21-22—二极管—23-24—01-02—43-44—X3—X1—41-42—电机 1、3、4—05-06—X4—DF220 接通定位启动电路,道岔转向定位,第 2 排、第 4 排接点断开,第 1 排、第 3 排接点接通,又接通了反位启动电路,使道岔转向反位。如此循环,出现道岔来回窜动的现象。

若道岔原在反位,则有反位表示,向定位操纵,能正常转换,但无定位表示,再向反位操纵,则会再次出现上述现象。

③X2 与 X3 相混

故障现象:道岔原在定位,有定位表示;向反位操纵后,道岔能转换完毕,但无反位表示。

分析判断:因 X3 与 X2 相混,将反位表示电源短路,造成反位无表示。向定位操纵,可转换完毕。因 DZ220、DF220 被二极管阻断,故不会出现 X1 与 X3 相混时的故障现象。

④X1 与 X4 相混

故障现象:道岔原在定位,有定位表示;向反位操纵时,先后熔断定位、反位的 DF220 熔断器 RD1、RD2,道岔不能转换完毕,一直无位置表示。

分析判断:由定位操纵到反位,1DQJ 吸起,2DQJ 尚未转极时,将 DZ220、DF220 短路,定位 DF220 熔断器 RD1 熔断;当 2DQJ 转极后,DZ220 和反位 DF220 正常供出,道岔启动。但当自动开闭器第 4 排接点接通时,X4 的 DF220 经 X1—自动开闭器 41-42,直接接到定子的线圈 1 上,从而将转子线圈短路,导致反位 DF220 的熔断器 RD2 熔断,道岔停止转换,定、反位均无表示。

若道岔原在反位,向定位操纵时,只要 2DQJ 转极,直接将 DZ220、DF220 电源短路,熔断定位的 DF220 电源熔断器 RD1,道岔不能启动,无位置表示。

⑤X2 与 X4 相混

故障现象:道岔原在定位,向反位操纵时,1DQJ 吸起,2DQJ 转极后,直接将反位的 DF220 熔断器 RD2 熔断,道岔不能启动,无位置表示;道岔原在反位,向定位操纵时,1DQJ 吸起,直接将反位的 DF220 熔断器 RD2 熔断,2DQJ 转极后,道岔刚启动,就将定位 DF220 熔断器 RD1 熔断,无位置表示。

分析判断:其故障原因是 X2 与 X4 相混引起的,可参照“X1 与 X4 相混”分析。

⑥X3 与 X4 相混

故障现象:道岔原在定位,向反位操纵,道岔转换完毕后,有反位表示,但反位的 DF220 熔断器 RD2 熔断。

分析判断：其故障原因是X3与X4相混。当道岔向反位转换完毕后，虽然反位启动电路被切断，但在1DQJ缓放时，X2的DZ220经自动开闭器11—21-22—二极管—自动开闭器23-24—43-44—X3—X4—DF220构成通路，将DZ220、DF220短路，熔断反位熔断器RD2。

若道岔原在反位，能正常转换到定位，当再次向反位操纵时，出现上述现象。操纵至定位时，之所以不熔断定位熔断器RD1，是因为DZ220、DF220被二极管反向阻断。

以上所分析的故障现象，均是在两线完全短路的情况下出现的。当不完全短路时（即有一定的短路电阻）或因电缆较长且短路点较远，其回路有一定的线路电阻时，可能不会熔断室内熔断器，但控制台电流表的读数较大。

（4）特殊故障的判断技巧

①道岔的正常表示电压：交流为70 V左右，直流为60 V左右。道岔表示电路正常时，无论自动开闭器接点是第1排、第3排闭合，还是第2排、第4排闭合，其极性均为：定位是X1（+）、X3（−）；反位是X2（−）、X3（+）。

若二极管接反，则交流电压、直流电压正常，上述极性相反，道岔无定位、反位表示。

②若自动开闭器接点32与33或22与23错线，其现象是反位或定位表示正常，定位时X1与X3或反位时X2与X3的极性相反，但交流电压、直流电压正常。

③若X1与X2错线（软线或电缆在电缆盒内错线），其现象是道岔动作正常，但道岔的转换方向与车站值班员的操纵意图相反，定位、反位无表示。若二极管同时也接反，则会出现室内道岔表示与道岔实际位置相反的现象（此情况最危险）。

④若电动机端子1、2接反，则会造成电动机的旋转方向相反，即道岔在定位仍向定位转，道岔在反位仍向反位转，造成道岔不能转换位置（控制台电流表的指示为故障电流的读数）。

（三）五线制道岔控制电路故障处理

1. 道岔处理故障时作业程序

发生道岔故障后应按程序进行处理为：接到通知询问了解情况，试验验证故障→正确停用登记入册→及时汇报→查找原因修复处理→试验销记→汇报处理结果。

①受理故障：接到设备故障通知后，必须及时赶到现场，询问了解故障发生时间、故障现象、影响行车和作业情况；试验、验证故障范围、类型；记录通知时间，准备停用有关设备。

②正确停用、登记入簿：严格按故障处理三原则办理停用登记手续。在《行车设备检查登记簿》内记明故障现象和设备停用时间（年、月、日、时、分）以及停用设备的影响范围，并请求车站值班员签字。

③汇报：在问明情况后，应及时向段调度汇报故障的名称、故障发生时间、故障现象、影响范围以及停用的时间等，并听从指挥和技术业务上的指导。必要时请求段派员帮助处理。

④查找原因，处理修复：根据故障现象进行分析、查找。需要试验时，必须征得车务人员同意。尽快确定故障和影响范围。查找道岔故障时，要依据现象和有关表示分清是室内还是室外故障，是机械故障还是电气故障，断判是断线故障还是混线故障。应自始至终严格执行“三不动”“三不离”“十二严禁”，决不可臆测行事，盲目乱动、乱拆、乱换、乱测、乱封，杜绝扩大故障范围。在查找故障原因时，如涉及车务、工务、机务、外界损坏等其他部门时，应会同有关人员进行调查和记录，经签认后再开始处理。对于一时弄不清原因的故障，应向车间、电务段汇报，请求指导。

故障原因查清后，应以沉着、谨慎、果断、负责的态度及时修复设备，恢复设备正常使用。

⑤试验、销记：故障修复后，对处理时动过的部位及影响范围，认真进行试验。室内外凡拆、甩、封、撤的线，动过的地方，都要进行反复检查。按联锁试验的要求逐项进行试验。要认真进行室外设备、机械室继电器状态、控制台表示三核对。电务试验完毕，会同使用人员试验良好后，在《行车设备检查登记簿》进行登记，写明原停用设备的名称、恢复时间和故障原因，经车站值班员签认后即可交付使用。

⑥汇报处理结果：故障处理完毕后，应把故障处理经过、故障原因及恢复使用的时间，还有影响车次、事故责任者，及时向车间、电务段汇报。同时还要组织进行故障分析，责任者和其他人都要从中汲取教训，制订今后的防范措施。

2. 启动电路故障处理

【故障案例 1】

27. 五线制启动电路故障案例分析——案例 1

故障现象：道岔原在定位，亮定位表示灯。单独操纵道岔向反位转换，控制台定位表示灯不灭。

处理方法：如控制台道岔表示灯不灭，则故障在室内，说明尖轨及心轨组合内的 1DQJ 未吸起，这时应进行进路式操纵道岔，看动作是否正常。

如进路操纵时动作正常，说明道岔单独操纵部分有故障，进一步检查单独操纵电路，确定故障点。

如进路操纵也不能动作，则应检查联锁检查条件是否满足，公共配线部分是否良好。

【故障案例 2】

28. 五线制启动电路故障案例分析——案例 2

故障现象：单独操纵道岔，在组合柜处观察尖轨或心轨有一个不动作。

分析判断：如尖轨或心轨有一个不动作，则室内控制电路应排除公共部分故障的可能性，下面以尖轨不动作为例进行分析：

（1）首先检查 1DQJ、1DQJF 是否吸起，2DQJ 是否转极，如控制电路部分继电器动作不正常，应按电路动作逻辑关系式 FCJ↑→1DQJ↑→1DQJF↑→2DQJ 转极，进行查找。

（2）当确定室内道岔控制电路动作正常后，应进一步观察 BHJ 是吸起后落下，还是根本未吸起过。

①如 BHJ 根本未吸起过，应检查组合侧面的 380 V 三相交流动作电源是否正常，每相的熔丝是

否良好，发现不良时立即更换处理；如电源部分正常，但到分线盘测试电压缺相（X1、X3、X4 线），则可能为 DBQ 到 1DQJ 及 1DQJF 的相应接点间断线，也可能为 DBQ 的部分断线。

如上述部分均良好，则可能为 $2DQJ_{121\text{-}123}$ 接点接触不良或前、后配线断线（包括到分线盘的 X3 线），也可能为 $2DQJ_{113}$ 到 DBJ 线圈端子 1 断线。其他动作部分的配线及接点与定位表示电路共用，一般不会有问题。

如分线盘测试三相电源正常，已向外送出，则应到室外重点测量检查 X3 线电缆、转辙机内的 13-14 接点和遮断开关等，检查接触是否良好，线头是否松动。

②如 BHJ 先吸起，然后又落下，说明三相负载部分良好，重点应观察 BHJ 与 1DQJ 落下的先后顺序：若 BHJ 先落下，可能是 DBQ 性能不良，可换一台试一下；若 BHJ 在 1DQJ 落下后再落下，则说明可能是 1DQJ 缓放时间不够长（在 BHJ 前接点须可靠闭合时，才能构通 1DQJ 自闭电路）；也可能是 TJ 不具有延时缓吸功能，一经通电立即吸起，切断 1DQJ 自闭电路；也有可能是 1DQJ 自闭电路本身不通，如电阻 R3 断线等。

【故障案例 3】

29. 五线制启动电路故障案例分析——案例 3

故障现象：操纵道岔时，控制台表示灯熄灭，电流表闪了一下就恢复到零，13 s 后挤岔表示灯点亮、挤岔电铃报警，道岔不能转换到位。

分析判断：经反复操纵该道岔试验，发现 DBQ 上指示灯闪了两下（表示控制电路 380 V 已送至三相电动机，回路中有电流流过）后就熄灭了，但 BHJ 不能吸起。

故障原因 1：经进一步查找测试，发现 DBQ 输出直流电压 26 V，而 BHJ 线圈 1-4 两端测不到电压，继续向下检查，发现 DBQ 直流输出端子 1 上的配线虚焊（当道岔在静态不操纵的情况下，也可以直接用电阻法测量 DBQ 输出 1、2 端子间电阻，同样很快能找到故障点）。

故障原因 2：经进一步查找测试，发现 DBQ 输出直流电压只有 6 V，造成 BHJ 不能励磁。更换 DBQ 后，道岔恢复正常。

【故障案例 4】

故障现象：某站在更换 1DQJ 后，发现该道岔不能正常转换。

分析判断：道岔不能正常转换故障是在更换继电器后发生的，经分析，道岔故障很有可能与更换的继电器有关。在提速道岔的控制电路中，1DQJ 采用的是 JWXC-125/80 型号的继电器，经反复试验，发现 1DQJ 在 BHJ 吸起前的瞬间落下，造成 1DQJ 不能自闭，经比较更换前、后的两个 1DQJ 的缓放时间后，发现新的 1DQJ 缓放时间偏短（0.15 s），而原来使用的 1DQJ 的缓放时间为 0.66 s，更换缓放时间为 0.65 s 的 1DQJ 后，故障消失。

【故障案例 5】

故障现象：某站在办理进路时，发现 15 号（提速双机）道岔不能转换（定位往反位），使用手摇把将道岔转换到反位后再开放信号，结果该道岔由反位转换到定位。

分析判断：经观察室内继电器发现，不论往定位或反位操纵该道岔时，1DQJ 都能吸起，2DQJ 在定位（吸起位置）不转极，进一步检查时发现本组合内部 01-1 ～01-2 端子之间残焊短路，致使该道岔在操纵过程中 2DQJ 线圈 1-2、线圈 3-4 同时送电，造成 2DQJ 不能转极，道岔不能转换。

【故障案例 6】

30. 五线制启动电路故障案例分析——案例 6

故障现象：某站在办理进路时，发现 12 号道岔不能转换（定位往反位），控制台挤岔表示灯点亮、铃响。

分析判断：信号值班人员经来回扳动该道岔试验，观察室内继电器动作时发现，DBQ 上指示灯不闪，BHJ 不能励磁。综合分析判断如下（道岔在定位时有表示）：

（1）测量 $1DQJ_{12}$、$1DQJF_{12}$、$1DQJF_{22}$ 接点相互之间是否有交流 380 V 电源。

①无交流 380 V 电源，检查三相电源、熔断器及配线。

②缺相，检查所缺相的熔断器、DBQ 线圈和配线。

③正常，进行第（2）步。

（2）借用 BD_1-7 表示变压器线圈 3 上电压，测量 $1DQJ_{11}$、$1DQJF_{11}$、$1DQJF_{21}$ 接点上是否有交流 105 V 左右电源（此时室内控制电路在反位，2DQJ 在落下状态，室外道岔在定位，反位表示电路呈现短路状态）。

①如果 $1DQJ_{11}$、$1DQJF_{11}$ 有电压，而 $1DQJF_{21}$ 无电压，检查 $1DQJF_{21}$ 至三相电动机 U1 之间有开路故障。

②如果 $1DQJ_{11}$、$1DQJF_{21}$ 有电压，而 $1DQJF_{11}$ 无电压，检查 $2DQJ_{111-113}$ 接点开路故障。

③如果 $1DQJ_{11}$、$1DQJF_{11}$、$1DQJF_{21}$ 接点上都有电压，进行第 3 步。

（3）在操纵 12 号道岔过程中分别测量 $1DQJ_{11-12}$、$1DQJF_{11-12}$、$1DQJF_{21-22}$ 接点，有 380 V 左右电压的接点，为故障不良接点。

【故障案例 7】

故障现象：操纵道岔时，控制台表示灯熄灭，挤岔表示灯点亮、挤岔电铃报警，道岔不能转换到底。

分析判断：经来回操纵该道岔，发现 QDJ 在道岔操纵过程中落下，随后 1DQJ、BHJ 也跟随落下，进一步检查发现该道岔 ZBHJ 在道岔操纵过程中不能励磁吸起所致，接着对 ZBHJ 励磁电路检查，发现 $1BHJ_{61-62}$ 接点不良（采用电压法，借 KZ 或 KF 都能查到故障点）。

★启动电路故障分析

三相交流电动转辙机动作电路由三级控制电路构成，因此故障处理按三级控制电路分别查找。其中：

第一级控制电路故障是 1DQJ 不能正常励磁，现象是扳动道岔时，道岔表示灯照常点亮，不灭灯。

第二级控制电路故障是 2DQJ 不能正常励磁转极，现象是人工操纵道岔时，控制台的道岔表示灯灭灯，待停止操纵，该表示灯又点亮。

第三级控制电路故障是表示灯灭灯，道岔仍不能启动，这时看BHJ是否吸起，1DQJ是否自闭。如BHJ根本未吸起，应检查组合侧面380 V三相交流动作电源是否正常，也有可能DBQ不良。如在分线盘处测到三相电源正常，说明室内电路正常，故障点应该在室外。如BHJ吸起后又落下，说明室外三相负载电路良好，重点应观察BHJ与1DQJ落下的先后顺序。若BHJ在1DQJ落下后再落下，则说明1DQJ自闭电路未构成。查找1DQJ自闭电路，如室内电路动作正常，在电路动作过程中通过继电器状态或集中监测电流曲线判断道岔动作过程中是否有机械卡阻现象。

3. 表示电路故障处理

【**故障案例1**】

31. 五线制表示电路故障案例分析——案例1

故障现象：操纵道岔到反位，动作正常，但尖轨反位无表示。

分析判断：当道岔到反位，在确认尖轨无表示后，有两种可能：一是密贴检查器反位卡缺口；二是反位表示电路局部故障。

(1)当发现密贴检查器卡缺口时，应调整缺口或对造成密贴检查器卡口的机械问题进行处理。

(2)如密贴检查器的反位缺口良好，则应重点检查电气部分。此时，应先判断故障点是在室内还是在室外，确定故障在室外后，尽快前往现场查找处理，以免延长故障时间。

在确定故障为室外反位电路局部故障后，采取测量电压的方法对反位表示电路的配线和接点径路进行查找。

【**故障案例2**】

32. 五线制表示电路故障案例分析——案例2

故障现象：某站道岔定位突然失去表示，道岔定、反位都不能扳动且无表示。

分析判断：电务值班人员将道岔往定位扳动后，在分线盘X1、X2间测得交流电压110 V左右，无直流电压，又分别在X2、X3和X4之间进行测试，无交、直流电压，说明X1断线，在室外电缆盒内X1、X2间测不到任何电压，进一步判断确认为X1断线。

【**故障案例3**】

故障现象：某站列车通过后，道岔自动掉表示。

分析判断：电务值班人员在分线盘X1、X2间测量交流电压105 V，无直流电压；又在X2、X3间测得交流电压105 V左右，无直流(X3通过反位启动电路与X1相同，说明X1正常，X2断线)，在室外电缆盒内X1、X2间测不到交、直流电压，可以判断确认为分线盘至室外电缆盒间X2断线(与电缆盒X2至二极管、电动机线圈U1之间开路故障现象相似)。

★表示电路室内外故障判断

图 4-19 为 ZY(J)7 型电液转辙机表示电路简图,区分道岔表示电路故障应在分线盘上进行测量。当在分线盘 X1、X2 上测不到电压时,用电流表在 X1 或 X2 所在的支路上进行测试,如果无电流说明室内断线;有电流说明室外电路混线(注意使用电流表测电流时,一定从该电路分歧的始端开始);当在分线盘测得较高的交流电压时(大约 100 V),则为室外断线故障。

如果在分线盘测 X1、X4 间电压为 22 V 左右,说明 X4 所在的支路正常;如果 X1、X4 间电压为 11 V,说明 X4 的支路室内断线;如果测得数值是 70 V 左右,则是 X4 的支路室外断线。X4 所在的支路发生混线,当操纵时会使启动断路器跳起。可利用前述步骤进行查找。

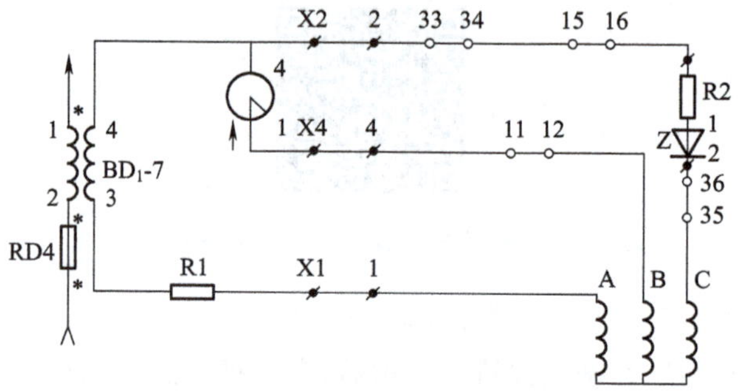

图 4-19 ZY(J)7 型电液转辙机表示电路简图

表示电路故障时,可通过在分线盘端子上测量各线间电压,判断故障点范围。表 4-7 为道岔定位,表示电路故障时各测试点电压值;表 4-8 为道岔反位,表示电路故障时各测试点电压值。

表 4-7 道岔定位,表示电路故障时各测试点电压值

故障点	道岔定位各测试点电压(V)					
	X1-X2		X1-X4		X2-X4	
	交流	直流	交流	直流	交流	直流
室外 X1 断	110	0	110	0	0	0
室外 X2 断	108	0	0	0	108	0
室外 X4 断	75	35	75	35	0	0
室内 X1 断	0	0	0	0	0	0
室内 X2 断	0	0	0	0	108	0
室内 X4 断	75	35	0	0	75	35

表 4-8 道岔反位,表示电路故障时各测试点电压值

故障点	道岔反位各测试点电压(V)					
	X1-X3		X1-X5		X3-X5	
	交流	直流	交流	直流	交流	直流
室外 X1 断	110	0	110	0	0	0
室外 X3 断	108	0	0	0	108	0
室外 X5 断	75	35	75	35	0	0
室内 X1 断	0	0	0	0	0	0
室内 X3 断	0	0	0	0	108	0
室内 X5 断	75	35	0	0	75	35

（四）站内信号机故障处理

1. 信号机处理故障作业流程

信号机点灯电路发生故障后，反映到控制台上的故障现象比较明显，点灯电路检查的联锁条件比较少，故障的性质通常是点灯电路断路或短路故障，一般按照图 4-20 所示的信号机点灯电路故障应急处理流程进行即可。

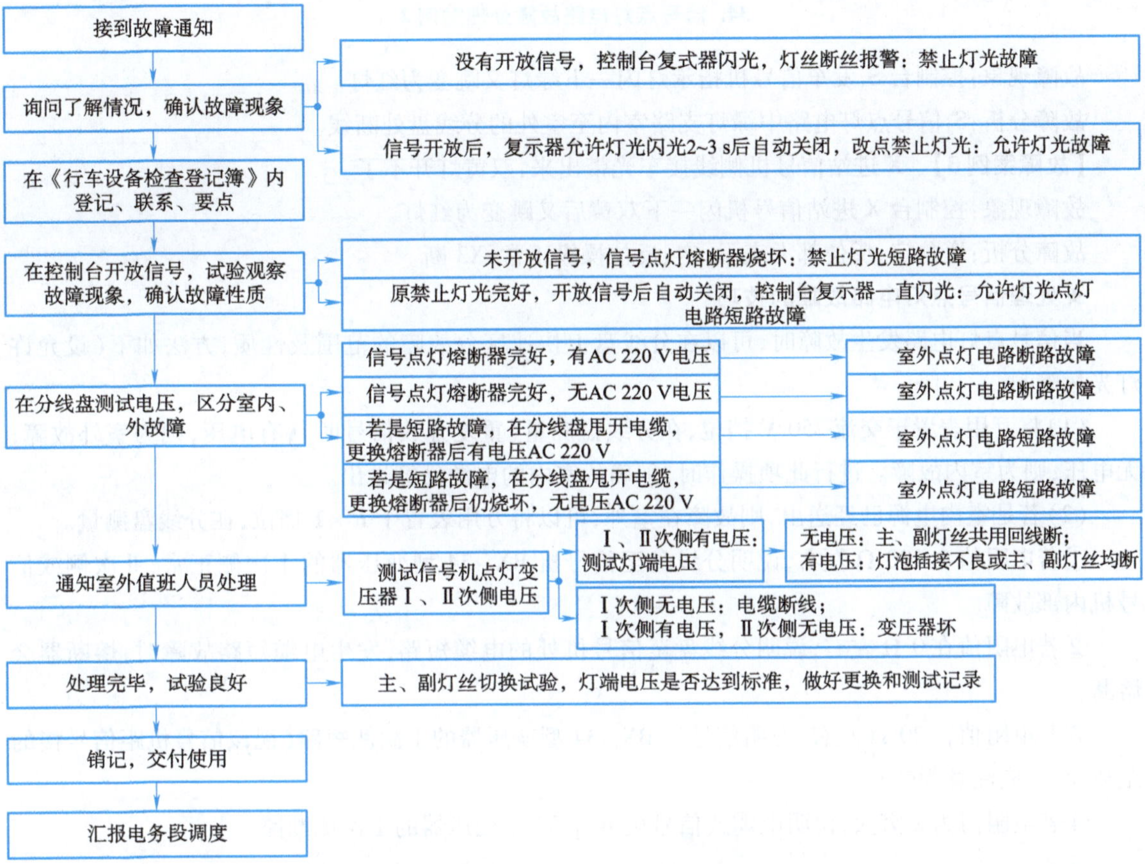

图 4-20 信号机点灯电路故障应急处理流程

2. 信号点灯电路故障处理

【故障案例 1】 S 进站信号机红灯灭灯

33. 信号点灯电路故障处理案例 1

故障现象：控制台 S 进站信号机指示灯为红闪状态。

故障分析：S 进站信号机信号点灯电路中室内 DJ 支路断线。

【故障案例 2】 办理 S_3 发车进路后，无法开放绿灯

34. 信号点灯电路故障处理案例 2

故障现象：控制台 S_3 发车信号机指示灯闪一下绿灯又跳变为红灯。

故障分析：S_3 信号点灯电路中绿灯支路室内至室外的分线盘处断线。

【故障案例 3】 X 进站信号机侧线接车光带出来，双黄灯开不了

故障现象：控制台 X 进站信号机闪一下双黄后又跳变为红灯。

故障分析：道岔定、反位都无表示，定、反位操纵正常，X3 断。

★处理信号点灯电路故障的技巧

当信号点灯电路发生故障时，可以在分线盘上快速区分故障的范围及性质，方法如下（设允许灯光故障）：

（1）将万用表置于交流 250 V 挡位，在分线盘测量（重复开放信号时），有电压，则为室外故障；无电压，则为室内故障。进行此项操作时，须确认室内的电源已经送出。

（2）若是室内电源已经送出，则故障在室外，可以将万用表置于 $R\times1$ 挡位，在分线盘测量。

①若电阻值在 100 Ω 左右，说明分线盘至信号机 BX_1-34 型变压器的Ⅰ次侧正常，Ⅱ次侧或信号机内部故障。

②若电阻值在 0 Ω 左右，说明分线盘至信号机处的电缆短路，发生电缆短路故障时，熔断器会熔断。

③若电阻值在 20 Ω 左右，说明信号机 BX_1-34 型变压器的Ⅰ次侧短路（视该信号机距信号楼的距离而定，应注意判断）。

④若电阻值为无穷大，说明电缆或信号机 BX_1-34 型变压器的Ⅰ次侧断路。

注意：

①BX_1-34 型变压器的Ⅰ次侧的直流电阻值为 80 Ω 左右，电缆芯线的阻值为 23.5 Ω，两者的阻值之和应大于或等于 100 Ω。

②使用电阻挡测量时，应与室内加强联系，不得开放信号，防止烧坏万用表或室内熔断器。同时，根据所测阻值的大小，可以判断出短路点距信号楼的距离。

△错线故障分析

错线故障一般发生在工程施工、更换信号机内部配线或更换器材后，在日常维修中较少发生。一旦发生，因故障现象特殊且有些与断线故障相似，易引起误判。在此，进行简单分析，以引起大家注意，如图 4-21 所示。

（1）主灯丝线与回线配错

主灯丝点亮正常；若主灯丝断丝，则副断丝不能正常点亮。

（2）副灯丝线与回线配线

主、副灯丝串接，同时点亮，但亮度明显降低；若断开主灯丝，则副灯丝点亮正常。

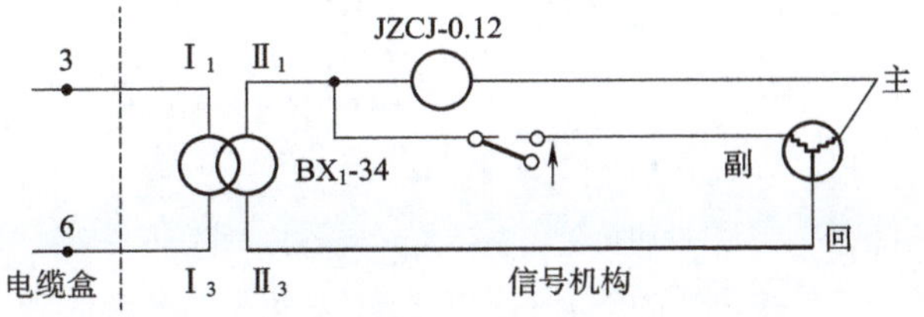

图 4-21 信号机点灯电路错线故障

(3)主、副灯丝线配线情况

平时副灯丝点亮且灯丝转换继电器吸起正常;若断开副灯丝,则灯丝转换继电器失磁落下,主灯丝点亮。

注意:正常使用中的信号机发生故障时,应先考虑常规故障,只有更换配线后,才考虑配线错误故障。

学习回顾

项目 5　电务维修机的使用

教学目的

掌握电务维修机的作用及使用方法。

教学设备

计算机联锁系统、信号实训站室内外设备、电务维修机。

技能目标

1. 会使用电务维修机。
2. 会维护电务维修机。

技能训练

(1)开启计算机联锁系统及电务维修机。

技能训练要点示例：

【开机步骤】

①打开电源箱，将箱内开关闭合，然后关闭电源箱，完成电源屏送电过程。

②打开智能电源屏将输入Ⅰ、Ⅱ路电源闭合，然后各个模块输入开关依次闭合，再将各种输出电源开关闭合。

③将电源柜背面上所有电源开关、依次闭合；正面上的逻辑、接口模块电源开关闭合。

④将工控机 A 机、B 机，监控柜分别用钥匙依次打开，并依次闭合其内部开关。

⑤联锁柜及电子终端柜中，佩戴好防静电手环，防止静电击坏板件，将 IPU6 板开关闭合、LINE2 板开关闭合及 PIO2-LOG 开关全部闭合。

⑥当电源屏送电到控制台上(控制台有站场显示)，单击“上电解锁”按钮，输入密码 888，完成解锁。

【关机步骤】

①将电子终端柜中，佩戴好防静电手环，防止静电击坏板件，LINE2 板开关断开及 PIO2-LOG 开关全部断开。

②将联锁柜中，佩戴好防静电手环，防止静电击坏板件，先将 LINE2 板开关断开，然后将 IPU6 板开关断开。

③关闭控显机。

a. 在控制台控显机界面右下角单击系统操作→关闭计算机→输入密码“2000”→单击“确定”→出现“现在可以安全地关机了”。

b. 在监控柜长按控显机电源开关,直至本机的面板指示灯熄灭。

④将电源柜正面上的逻辑、接口模块电源开关断开;背面上所有电源开关、依次断开。

⑤将电源屏各种输出电源开关断开,然后各个模块输入开关依次断开。

⑥最后把智能电源屏将输入Ⅰ、Ⅱ路电源断开。

⑦打开电源箱,将箱内电源开关断开,然后关闭电源箱,完成设备关机。

【倒机步骤】

①佩戴好防静电手环,防止静电击坏板件。

②首先通过 CPU 板指示灯或者联锁维修机界面确认联锁主、备系情况(现以 A 系主用、B 系备用为例)。

③将联锁 A 系 IPU6 电源板上 SW1 开关关闭,等待 5 ~ 10 s,再将该开关合上恢复 A 机电源板。

注意:开关电源板时用手握住开关柄轻轻向外拉出,然后再上、下扳动,不可直接用手扳。

④倒系过程中,开放的试验信号不应关闭。

⑤在联锁维修机界面确认状态正常,倒机成功且无异常报警。

(2)在控制台上办理若干条接车、发车、通过、调车进路,在模拟盘上完成上述进路的接、发车作业。

技能训练要点示例:在控制台上办理若干条接车、发车、通过、调车进路。在模拟盘压车顺序占用和出清,完成排列进路的接、发车作业。

(3)在电务维修机上完成各种按钮功能的练习。

(4)根据维修机的提示,理解错误信息的解释意义。

(5)做好全过程的操作及信息显示记录。

技能训练要点示例:模拟一组道岔故障,在维修机上查看报警信息,模拟计算机联锁系统与其他接口通信中断,通过维修机查看计算机联系统双系、控显机及与 CTC、TCC 拓扑连线图。

在维修机上回放站场图,查看系统网络状态图、机架图,显示正常无报警,查看信号开放、开关量变化及操作记录。

核对主、备控显机、维修机时钟一致,且与 TDCS/CTC 时钟一致,超过 1 min 需要进行调整。

相关知识

(一)电务维修机的主要作用

电务维修机是车站计算机联锁系统的辅助设备,帮助电务人员更好地维修计算机联锁系统。维修机通过与监控机(上位机)、联锁机通信,主要实现以下功能:

(1)实时反映主、备联锁系统的运行状态。

(2)再现一个月之内的系统运行状态。

(3)与远程维修中心建立拨号网络,实现远程诊断。

维修机采用嵌入式 Windows XP 操作系统,系统运行稳定,界面友好,操作简单。

（二）电务维修机的显示界面及区域分布

电务维修机启动后屏幕出现站场图像，其显示与控制台一致，其界面与各区域显示内容说明如图 5-1 所示。

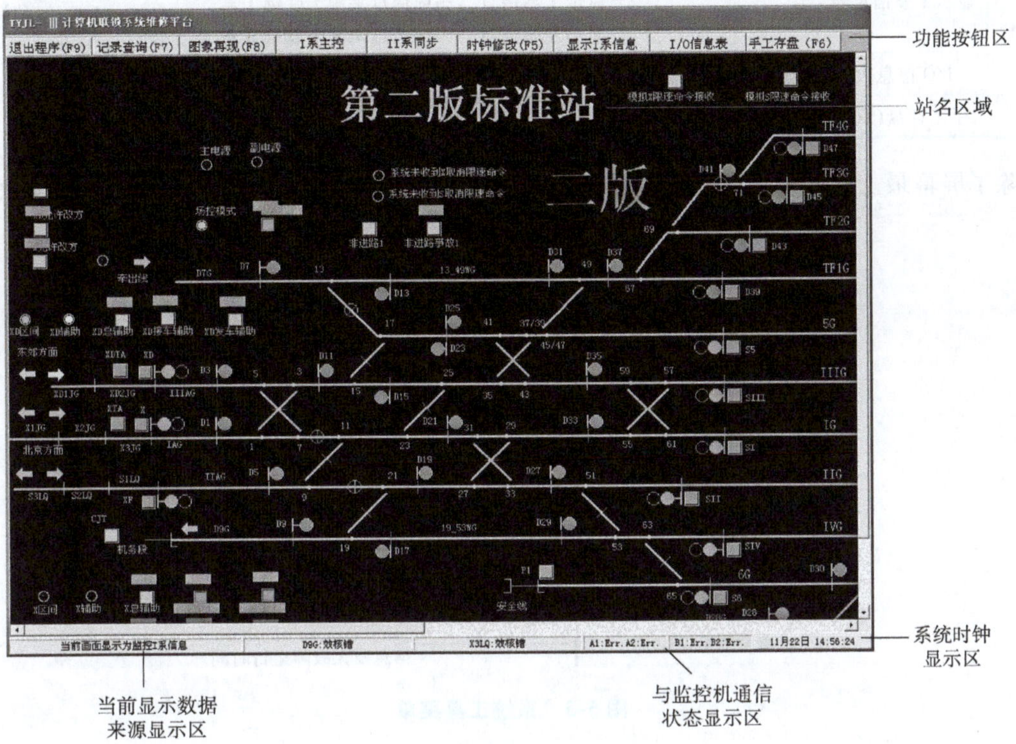

图 5-1　电务维修机显示界面

在屏幕上方有工具按钮，如图 5-2 所示。

图 5-2　工具按钮图

每个按钮对应的详细功能见表 5-1。

表 5-1　各按钮对应功能

序号	按钮名称	是否可按下	按钮功能
1	退出程序(F9)	是	退出维修机系统界面
2	记录查询(F7)	是	显示当前界面的记录信息
3	图像再现(F8)	是	进入图像在线程序，该程序能回放过去 1 个月的信息
4	Ⅰ系主控	否	显示Ⅰ系状态，无按钮单击功能，还可显示为“Ⅰ系同步”“Ⅰ系不同步”“Ⅰ系未连接”
5	Ⅱ系同步	否	显示Ⅱ系状态，无按钮单击功能，还可显示为“Ⅱ系同步”“Ⅱ系不同步”“Ⅱ系未连接”
6	时钟修改(F5)	是	修改本维修机时间及日期，并同步修改监控机(上位机)时间

续上表

序号	按钮名称	是否可按下	按钮功能
7	显示Ⅰ系信息表	是	设置维修机当前显示的数据来源。 “显示Ⅰ系信息”：当前信息来源为联锁Ⅰ系。 “显示Ⅱ系信息”：当前信息来源为联锁Ⅱ系
8	I/O 信息表	是	显示联锁系统 I/O 信息
9	手工存盘(F6)	是	保存当前时间到上一次保存之间收到的数据信息

除了屏幕最上方的功能按钮外，鼠标右键单击站名图标后，会弹出系统工具按钮，如图 5-3 所示。

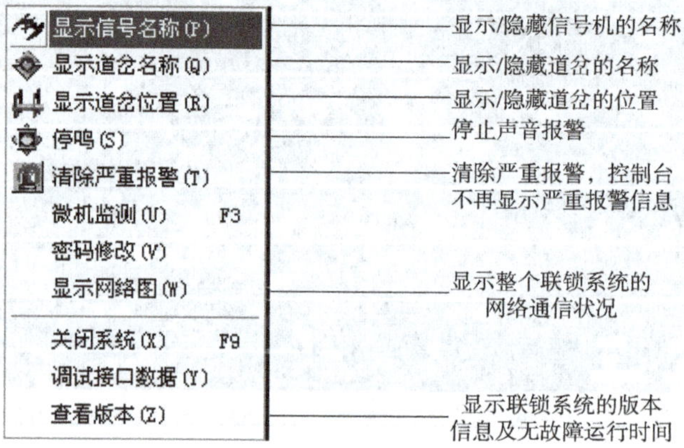

图 5-3　系统工具菜单

(三)按钮功能

1. 记录查询(F7)

当按下“记录查询(F7)”按钮后，会弹出一个新的界面，该界面显示的是当前数据来源系的所有报警信息，其界面如图 5-4 所示。

图 5-5 是对记录查询窗口每个部分具体功能的介绍。

2. 图像再现(F8)

当按下“图像再现(F8)”按钮后，会弹出一个新的界面，该界面默认状态下显示的与监控机相同的站场图形，其中所有的信息均为断表示的状态(全站场红闪)，其界面如图 5-6 所示。

单击界面左上角的“打开文件”按钮，会弹出一个新的窗口，该窗口显示的是本站保存的所有记录，如图 5-7 所示。

选中文件并单击“确认”按钮后，系统会自动加载数据，并进行记录回放。在回放过程中，可以通过“再现方向”来选择记录播放的前进或后退，通过拖动进度条来实现播放的速度的选择。

注 1：保存文件的含义见后续“6. 手工存盘(F6)”。

注 2：在记录回放的过程中要查看记录信息的方法是：鼠标右键单击站名图标，并在弹出的系统工具菜单中选择“记录查询”，该菜单如图 5-3 所示，显示的记录查询窗口与前述“1. 记录查询(F7)”所讲内容一致。

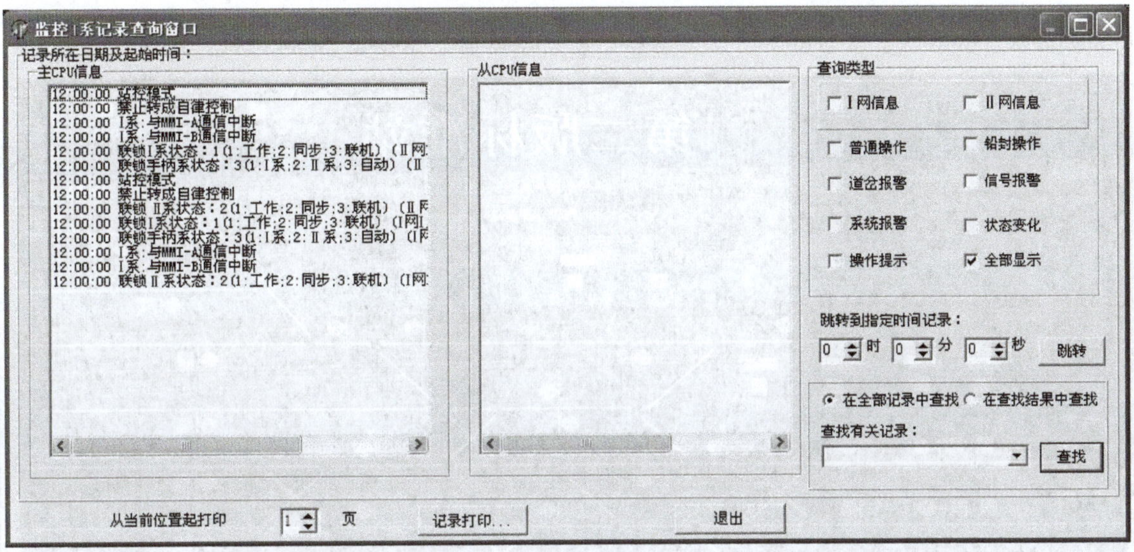

图 5-4　记录查询窗口(一)

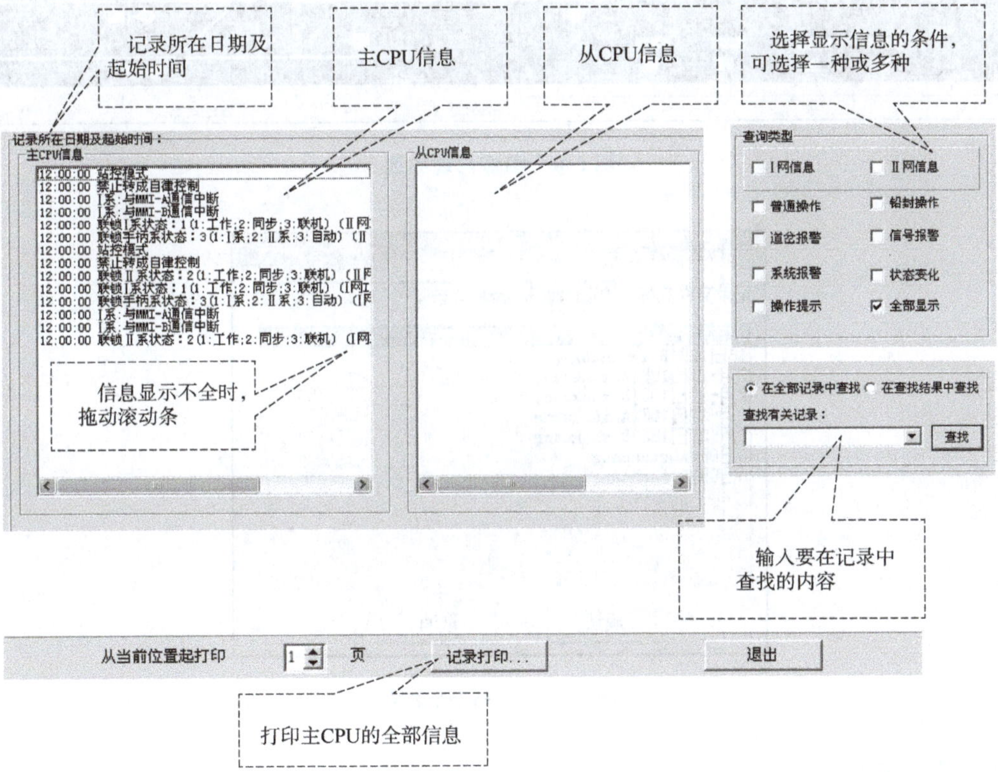

图 5-5　记录查询窗口(二)

3. 时钟修改(F5)

当按下“时钟修改(F5)”按钮后，会弹出一个新的界面，可以在该窗口中修改系统的时间和日期，其界面如图 5-8 所示。

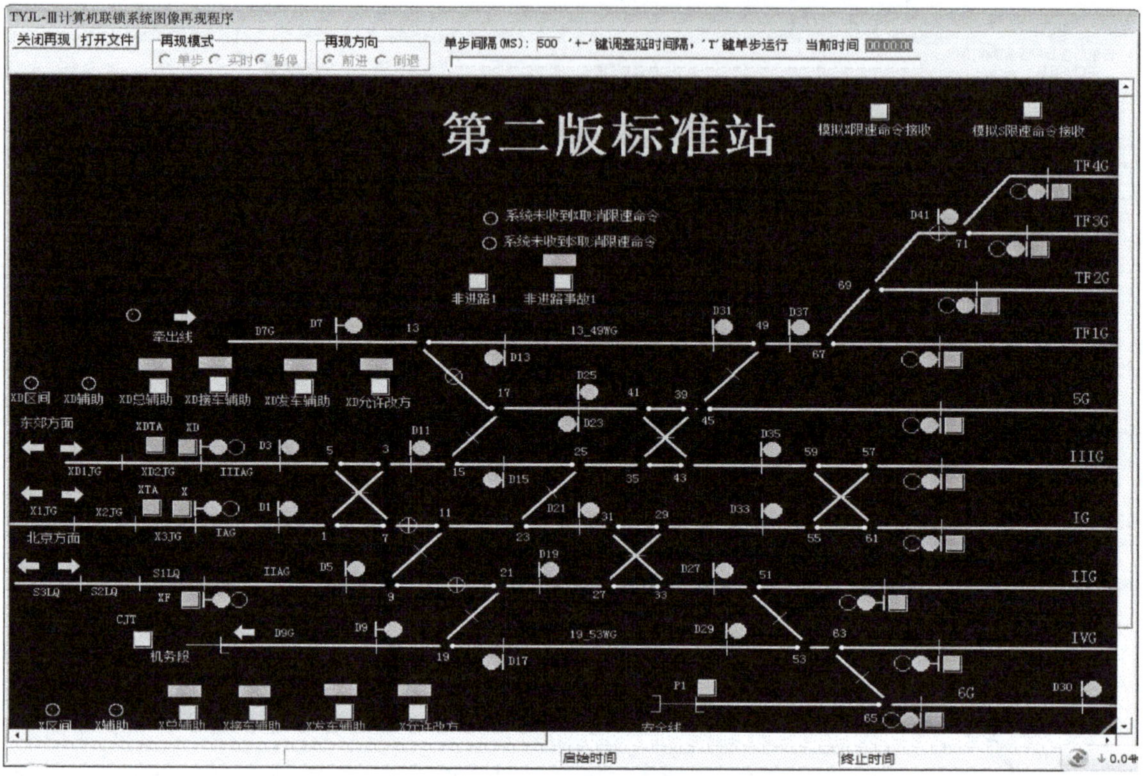

图 5-6　图像再现界面

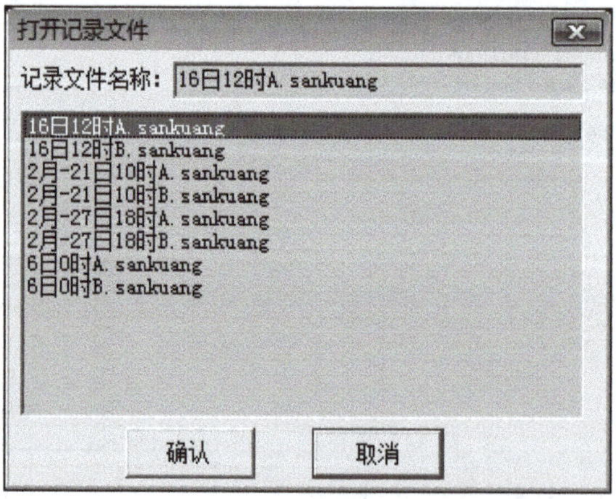

图 5-7　打开记录文件

4. 显示Ⅰ系信息

当按下“显示Ⅰ系信息”按钮后，系统会自动切换显示的信息来源。

(1)当按钮显示为“显示Ⅰ系信息”时，说明维修机当前显示的信息来自联锁Ⅰ系。

(2)当按钮显示为“显示Ⅱ系信息”时，说明维修机当前显示的信息来自联锁Ⅱ系。

(3)当按钮显示为“显示Ⅰ系信息”时，用鼠标左键单击此按钮后，系统会将显示数据的来源设置为联锁Ⅱ系，并显示Ⅱ系所发送的信息，同时该按钮的显示将变为“显示Ⅱ系信息”。

图 5-8　时间修改窗口

(4)当按钮显示为“显示Ⅱ系信息”时,用鼠标左键单击此按钮后,系统会将显示数据的来源设置为联锁Ⅰ系,并显示Ⅰ系所发送的信息,同时该按钮的显示将变为“显示Ⅰ系信息”。

5. I/O 信息表

当按下“I/O 信息表”按钮后,系统弹出一个新的界面,来显是当前的 I/O 信息,如图 5-9 所示。

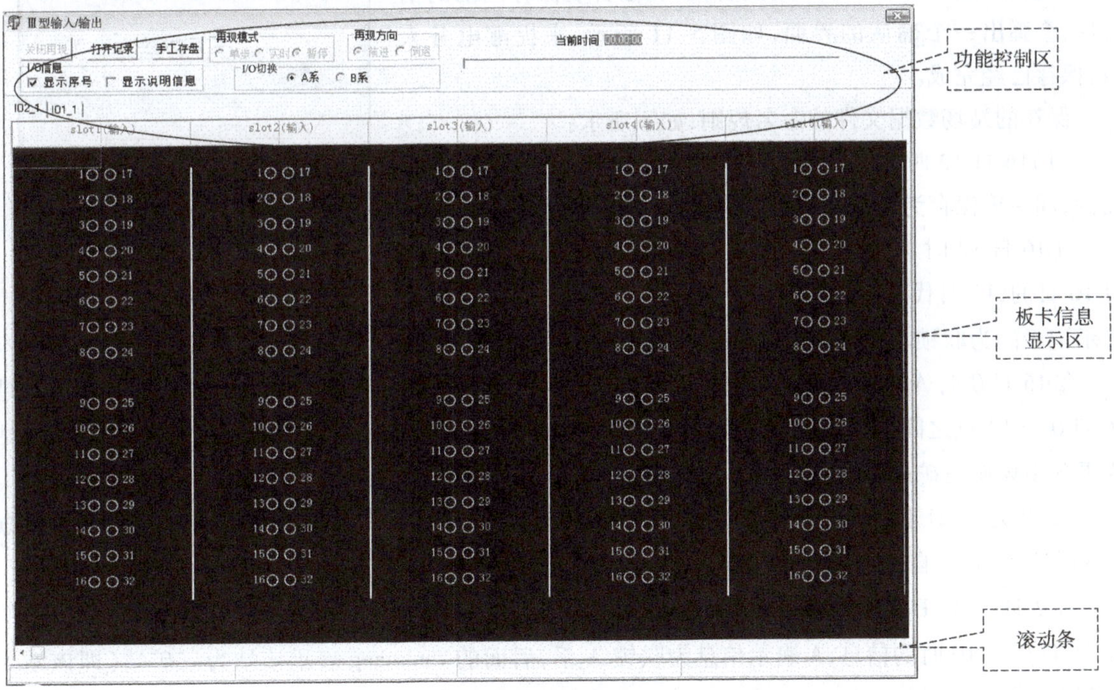

图 5-9　I/O 信息窗口

该窗口上方的功能控制区意义如图 5-10 所示。

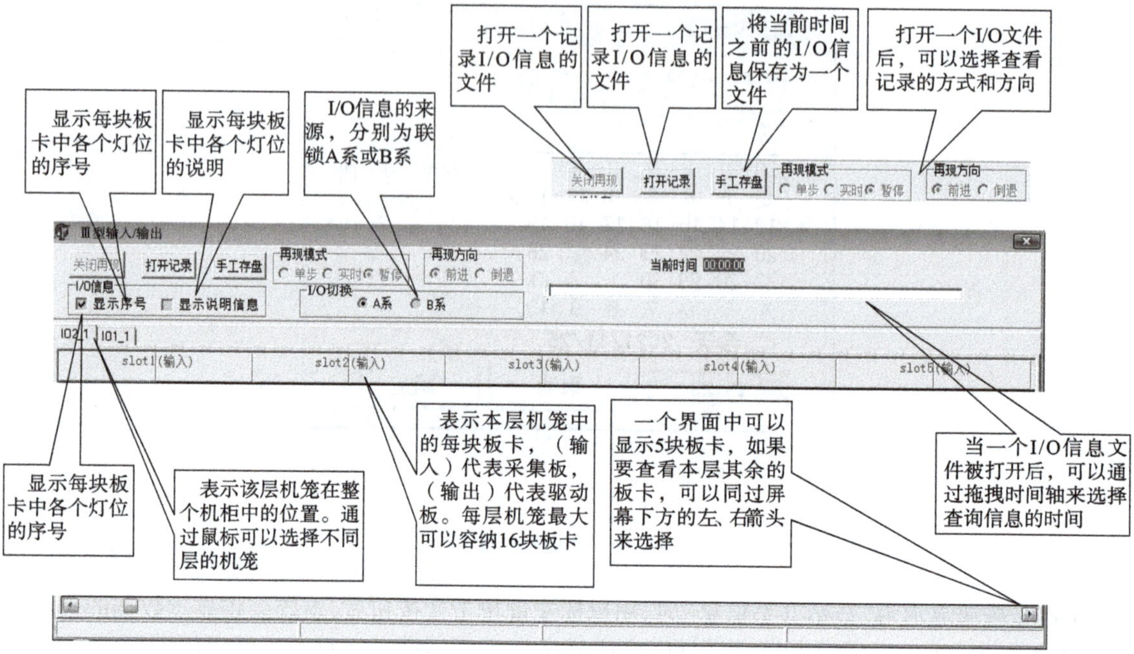

图 5-10　I/O 信息具体说明图

6. 手工存盘(F6)

当按下“手工存盘(F6)”按钮后，系统在自动保存当前的信息后，会弹出一个确认的界面，如图 5-11 所示，来提醒电务人员，保存已经完成。

图 5-11　手工存盘完毕

保存的站场数据文件的命名规则，如下所示：

(1)16 日 12 时 A. sankuang：该种类型的文件为自动保存的文件，同一天保存为两个文件，分别以 12 点、0 点结尾。

①16 日 12 时 A. sankuang：其中 16 日为文件保存日期是本月 16 日的，12 时代表该文件记录的是 12 ～ 23 点间的信息，A 表示记录的为联锁 A 系，后面的 sankuang 表示该站为三矿站(即该站为平顶山煤矿三矿站)。

②16 日 0 时 A. sankuang：其中 16 日为文件保存日期是本月 16 日的，0 时代表该文件记录的是 16 日 0 ～12 点之间的信息，A 表示记录的为联锁 A 系，后面的 sankuang 表示该站为三矿站(即该站为平顶山煤矿三矿站)。

(2)2 月～21 日 10 时 A. sankuang：该种类型的文件为手动保存的文件，每单击一次“手工存盘(F6)”按钮，系统自动保存两个文件。

①2 月～21 日 10 时 A. sankuang：表示该文件是在 2 月 21 日 10 时手动保存的，该文件记录的是 21 日 0 ～10 时的信息，A 表示信息为联锁 A 系，后面的 sankuang 表示该站为三矿站(即该站为平顶山煤矿三矿站)。

②2 月～27 日 18 时 B. sankuang：表示该文件是在 2 月 27 日 18 时手动保存的，该文件记录的是 27 日 12 ～18 时的信息，B 表示信息为联锁 B 系，后面的 sankuang 表示该站为三矿站(即该站为平顶山煤矿三矿站)。

保存的文件如图 5-12 所示。

名称	修改日期	类型	大小
16日12时B.sankuang	2021/1/16 14:27	SANKUANG 文件	3 KB
16日12时A.sankuang	2021/1/16 14:27	SANKUANG 文件	3 KB
16日0时B.sankuang	2021/1/16 8:59	SANKUANG 文件	3 KB
16日0时A.sankuang	2021/1/16 8:59	SANKUANG 文件	3 KB
2月-27日18时B.sankuang	2021/2/27 18:10	SANKUANG 文件	9 KB
2月-27日18时A.sankuang	2021/2/27 18:10	SANKUANG 文件	9 KB
2月-21日10时B.sankuang	2021/2/21 10:20	SANKUANG 文件	3 KB
2月-21日10时A.sankuang	2021/2/21 10:20	SANKUANG 文件	3 KB

图 5-12　保存文件名称图

(四)错误信息解释

前面介绍了维修机的使用方式和各个功能按钮的作用,本部分将介绍 TYJL-Ⅲ型计算机联锁系统具体的报警信息和它们在系统中对应的错误现象。

1. 通信中断

在系统报警中可能会出现各种通信中断的报警,它们可能是由于设备板卡损坏、通信线路损坏等原因造成的。维修机系统为方便检查通信的情况设计了网络拓扑图,显示网络拓扑图的操作方法为:鼠标右键单击“站名”,在弹出的菜单中选择“显示网络图(W)”,即图 5-3 中的选项。网络图如图 5-13 所示。

图 5-13 表示的是一个联锁系统的通信状况,该系统配置了 3 台监控机(分别是监控 A、监控 B、监控 C);一台维修机;两台(系)联锁机,以及每台(系)联锁机所包含的采集/驱动板。从图 5-13 中可以得到的信息如下:

- 该站的联锁系统每台(系)配有 5 块采集板和 5 块驱动板,分别放置在两台(系)采集机笼 1 和驱动机笼 1 中。每块采集/驱动板与各自联锁机通信正常(实际设备界面中显示绿线、黄线)。
- 监控 A、监控 B 与Ⅰ网交换机通信正常(实际设备界面中显示绿线),与Ⅱ网交换机通信正常(图中显示黄线)。
- 监控 C 与Ⅰ网和Ⅱ网交换机通信终端(实际设备界面中显示灰线)。
- 两台(系)联锁机间的主、从 ARCNET 通信正常(实际设备界面中显示的绿线和黄线)。

注 3:当联锁系统中某一设备与其他设备通信中断时,网络图中的通信连接线会变成灰色并有红色的“×”号。

(1)本 CPU 与另系通信中断

故障现象:

①图 5-4 的主 CPU 信息中显示:本 CPU 与另系通信中断时。

②图 5-4 的从 CPU 信息中显示:本 CPU 与另系通信中断时。

③图 5-13 主 ARCNET 通信线中断时。

④图 5-13 从 ARCNET 通信线中断时。

可能故障原因:

①两台(系)联锁机中的一台(系)离线。

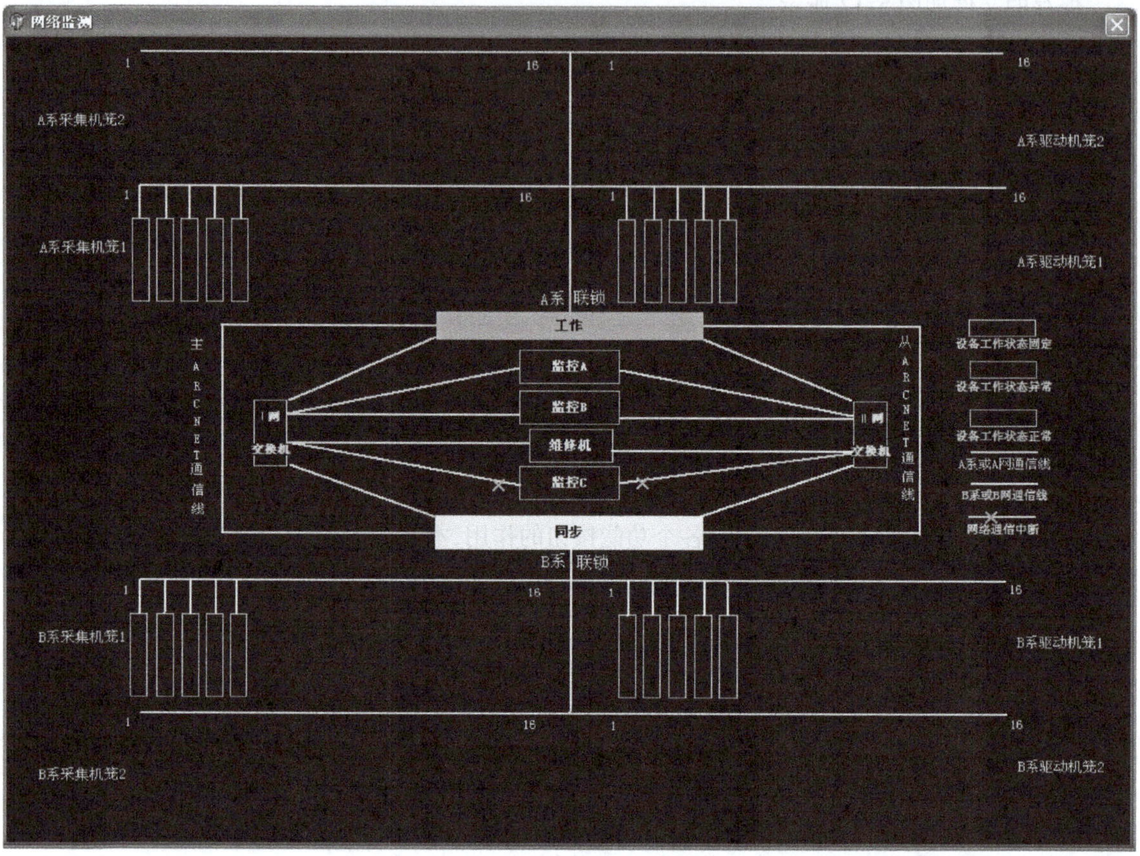

图 5-13　网络图

②主 ARCNET 通信线损坏。

③从 ARCNET 通信线损坏。

故障解决方案：

①检查主、从 ARCNET 网线连接是否正常。

②如果两台(系)联锁机中的一台(系)离线，检查该台(系)联锁离线原因。

(2)监控机、维修机、联锁机通信中断

故障现象：

①图 5-4 的主 CPU 信息中显示：维修机与Ⅰ/Ⅱ网监控 A/B 系中断。

②图 5-4 的主 CPU 信息中显示：维修机与Ⅰ/Ⅱ网联锁 A/B 系中断。

③图 5-4 的主 CPU 信息中显示：监控 A/B 机与Ⅰ/Ⅱ网联锁 A/B 系中断。

④图 5-13 中各设备的连接线出现"断"表示。

故障原因：

①监控机、维修机、联锁机工作异常，处于关闭、死机等状态。

②通信使用的以太网线损坏。

③监控机、维修机的以太网卡损坏。

④联锁机的以太网通信板(5652B)损坏。

故障解决方案：

①检查监控机、维修机、联锁机的工作状态，确保该设备工作正常。

②检查并更换该设备与交换机间的以太网通信线。

③更换通信线后，故障仍未排除，则建议更换网卡。

(3)与I/O通信中断

故障现象：

①图5-4的主CPU信息中显示：与FIMI通信中断。

②图5-4的主CPU信息中显示：与FIMO通信中断。

③图5-4的从CPU信息中显示：与FIMI通信中断。

④图5-4的从CPU信息中显示：与FIMO通信中断。

⑤图5-4的主CPU信息中显示：与所有FIMI通信中断。

⑥图5-4的从CPU信息中显示：与所有FIMI通信中断。

⑦图5-4的主CPU信息中显示：与FIMIO通信中断或与所有FIMI或所有FIMO均通信中断、离线。

⑧图5-4的从CPU信息中显示：与FIMIO通信中断或与所有FIMI或所有FIMO均通信中断、离线。

⑨图5-4的主CPU信息中显示：与部分I/O通信中断，倒机切换。

⑩图5-13中采集板/驱动板的连接线变为“断”。

⑪图5-13中采集板/驱动板变为红色，并在板卡中间显示红色的“主”“从”字样。

故障原因：

①某块采集板/驱动板出现故障。

②某块采集板/驱动板未能完整的插入I/O母板中。

③主/从CAN线损坏。

④主/从CAN板损坏。

故障解决方案：

①根据报警提示的笼号、板号，检查该板卡是否存在异常或未能插入母板。

②如果一台(系)联锁机的某个机笼中的所有板卡均显示中断，检查该机笼供电是否正常；检查该机笼CAN线连接是否正常。

③如果一台(系)联锁机的所有板卡均显示中断，如果显示红色“主”字样，检查该台(系)联锁机的主CAN线或主CAN板；如果显示红色“从”字样，检查该台(系)联锁机的从CAN线或从CAN板。

2. I/O板状态故障

故障现象：

(1)图5-4的主CPU信息中显示：采集板X…。

(2)图5-4的主CPU信息中显示：驱动板X…。

(3)图5-4的从CPU信息中显示：采集板X…。

(4)图5-4的从CPU信息中显示：驱动板X…。

故障原因：

报警信息中的第 X 块采集板/驱动板发生故障，如果 X 是 17 则代表采集或驱动机笼的第 2 个笼子中第 1 块板卡，以此类推。

故障解决方案：

更换该块采集板/驱动板。

3. 两系比较故障

故障现象：

(1)图 5-4 的主 CPU 信息中显示：两系驱动比较错误，笼号：X 板号：X 位号：X。

(2)图 5-4 的主 CPU 信息中显示：两系采集比较错误，笼号：X 板号：X 位号：X。

(3)图 5-4 的从 CPU 信息中显示：两系驱动比较错误，笼号：X 板号：X 位号：X。

(4)图 5-4 的从 CPU 信息中显示：两系采集比较错误，笼号：X 板号：X 位号：X。

故障原因：

(1)两台(系)联锁机所含的采集板/驱动板出现故障，导致两台(系)联锁机采集/驱动的信息不一致。

(2)两台(系)联锁机采用了分线包的方式进行采集/驱动，故障的原因有可能是混线或继电器损坏。

故障解决方案：

(1)检查报警信息对应的两台(系)联锁机对应的采集/驱动位置，如果表示一致，则更换该块板卡。

(2)如果采集/驱动点位不一致，则检查该点对应的继电器是否正常，如果有异常需更换。

(3)如果继电器状态正常，则检查线路是否正常。

4. 主从比较故障

故障现象：

(1)图 5-4 的主 CPU 信息中显示：主从驱动比较错误，笼号：X 板号：X 位号：X。

(2)图 5-4 的主 CPU 信息中显示：主从采集比较错误，笼号：X 板号：X 位号：X。

(3)图 5-4 的从 CPU 信息中显示：主从驱动比较错误，笼号：X 板号：X 位号：X。

(4)图 5-4 的从 CPU 信息中显示：主从采集比较错误，笼号：X 板号：X 位号：X。

故障原因：

报警的该台(系)联锁机对应的采集板/驱动板出现故障。

故障解决方案：

更换报警信息对应的该板卡。

5. 采集混线故障

故障现象：

(1)图 5-4 的主 CPU 信息中显示：本系采集混线，笼号：X 板号：X 位号：X。

(2)图 5-4 的主 CPU 信息中显示：另系采集混线，笼号：X 板号：X 位号：X。

(3)图 5-4 的从 CPU 信息中显示：本系采集混线，笼号：X 板号：X 位号：X。

(4)图 5-4 的从 CPU 信息中显示：另系采集混线，笼号：X 板号：X 位号：X。

故障原因：

(1)报警信息对应的本台(系)联锁机该板卡损坏。

(2)报警信息对应的另台(系)联锁机该板卡损坏。

(3)报警信息对应的本台(系)联锁机内部混线。

(4)报警信息对应的另台(系)联锁机内部混线。

(5)报警信息对应的本台(系)联锁机外部混电或断线。

(6)报警信息对应的另台(系)联锁机外部混电或断线。

(7)该报警信息对应的继电器损坏。

故障解决方案：

(1)更换报警信息对应的该板卡。

(2)检查该报警对应的继电器工作是否正常。

(3)检查继电电路是否存在混电或断电。

(五)电务维修机的硬件连接

TYJL-Ⅲ型计算机联锁系统的维修机通过以太网线与监控机、联锁机进行通信，实现对整个系统的监督。维修机硬件连接如图5-14所示。

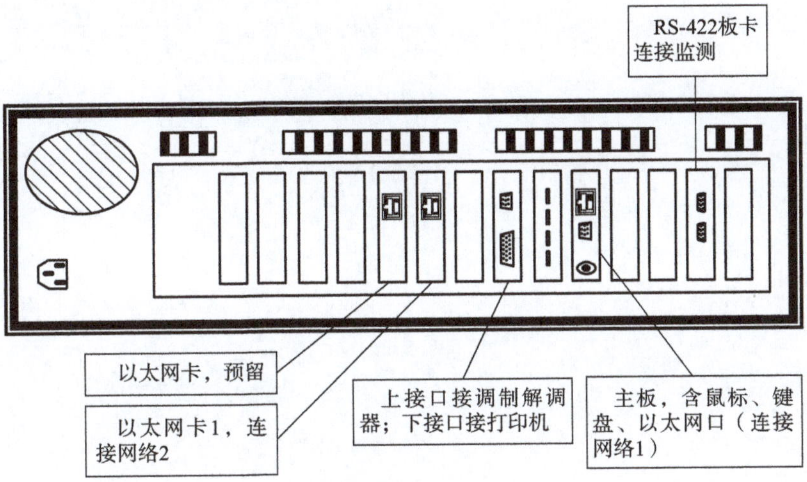

图5-14　维修机硬件连接图

作业

1. 简述怎样开启计算机联锁系统及电务维修机。
2. 简述电务维修机上各种按钮的功能。
3. 根据维修机的提示，理解错误信息的解释意义。

学习回顾

附　　录

组合类型表

采集驱动信息表

计算机联锁检修作业程序及标准——以 TYJL-Ⅲ型计算机联锁系统为例

ZD6 系列电动转辙机检修作业程序及标准

ZY(J)7 型电液转辙机检修作业程序及标准

S700K 型电动转辙机检修作业程序及标准

轨道电路检修作业程序及标准

信号机检修作业程序及标准

参 考 文 献

[1] 林瑜筠,吕永昌．计算机联锁[M].4 版．北京:中国铁道出版社,2017.
[2] 赵志熙．计算机联锁基本知识[M]．北京:中国铁道出版社,2016.
[3] 钱艺,翟红兵．车站信号自动控制系统维护[M]．北京:中国铁道出版社,2014.
[4] 翟红兵．铁路车站自动控制系统维护[M]．北京:中国铁道出版社,2012.
[5] 王永信．车站信号自动控制[M]．北京:中国铁道出版社,2007.
[6] 刘伯鸿．车站信号自动控制[M]．北京:中国铁道出版社,2015.